공감병

공감병

공감 중독 시대를 살아가는 방법

나가이 요스케 지음

박재현 옮김

들어가는 글

우리는 기본적으로 공감을 훈훈하게 이야기한다. 공감은 우리를 연결해주며 연대를 만들기 때문이다. 때때로 공감은 우리 사회를 더 나은 것으로 만드는 데 중요한 작용을 한다.

공감은 일상을 살아가는 가운데 불가피하게 맞닥뜨리게 되는 인간관계 중 그 어떤 것보다 중요하다. 하물며 비즈니스 영역—마케팅부터 프레젠테이션에 이르기까지—에서도 성공하기 위한 핵심으로 여겨진다. 트위터나 페이스북, 인스타그램 등 SNS는 바야흐로 공감을 주고받는 공간이 된 지 오래다.

2010년 동물행동학자 프란스 드 발Frans de Waal이 '공감

의 시대'에 대해 말했듯이, 지금 우리는 공감의 시대를 살아
가고 있다.

그러면서도 여전히 우리는 공감에 대한 의심쩍은 시선
을 거두지 않고 있다. 일본에서는 동일본 대지진을 극복하
는 과정에서 자연스럽게 형성된 '연대'를 시작으로, 럭비 월
드컵에서는 '단일팀'을, 도쿄 올림픽·패럴림픽 개최를 위해
서는 '단합'을 강하게 부르짖었다. 물론 '하나가 되자'는 외침
자체는 훌륭한 아이디어가 아닐 수 없다. 하지만 그럴듯하
게 들리는 그 아름다운 개념이 본연의 목적에서 벗어나 어
떤 의도를 숨기고 자의적으로 사용될 때가 있는 것도 분명
한 사실이다.

'연대', '단일팀', '단합' 같은 단어들의 울타리 안에 감도
는 훈훈한 기운은 기분 좋은 황홀감마저 느끼게 만든다. 그
러나 찬찬히 주위를 둘러보면, 그 울타리 너머로 수많은 사
람이 보인다. 울타리 안에 있는 사람이 밖에 있는 사람에게
는 배타적인 태도를 보이는 일도 적지 않다. '서로 공감하
자', '함께 손을 맞잡고 가자'는 말은 솔깃하지만, 공감으로
연결되어 있기 때문에 오히려 분리되어간다.

나는 '테러나 분쟁을 해결한다'는 사명감을 바탕으로

테러리스트라고 불리는 사람들의 갱생을 지원하면서 테러 조직과의 교섭을 업으로 삼고 있다. 이 일을 하는 동안 공감이 영향을 미치는 범위가 얼마나 편협한지 뼈저리게 맛봤다. 간단한 사례 하나를 들어보자. 일반적으로 어린아이나 여자, 난민 등의 약자에게는 강하게 공감하고 호의를 가지는 데 반해, 어른이거나 남자인 경우, 하물며 누군가에게 해를 끼친 가해자라면 기본적으로 사람들의 공감도 호의도 기대할 수 없다.

이런 문제의식 속에서 나는 '공감'에 대해 깊이 생각하게 됐다. 물론 나는 공감을 연구하는 사람은 아니다. 그저 분쟁 해결이나 평화 구축을 위해 분쟁지역 선봉에서 일하고 있을 뿐이지만, 오히려 이런 입장이기에 들려줄 말이 많다.

뇌과학을 비롯한 다각도에서 공감에 관한 연구가 진행되고 있다는 것을 알고 여태껏 관련 책과 논문을 읽어왔다. 이를 토대로 여러 지성인과 대담을 나누면서 내 생각은 한층 깊어졌다. 이 책은 그 결실이다.

제목이 《공감병》인 만큼 공감의 냉혹한 이면을 명명백백 밝혀보자는 것이 이 책의 목적이다.

본론으로 들어가기에 앞서 나는 절대 공감을 나쁘다고

생각하지 않는다는 사실을 말해두고 싶다. 물론 그렇게 말할 의도도 전혀 없다. 오히려 공감은 지금보다 나은 사회나 세상을 만드는 데 그 어떤 것보다 중요한 요소이기에 공감의 부정적인 측면을 이해하고 자각해 공감과 잘 지낼 필요가 있다고 믿는다. 그런 면에서 공감을 어떻게 고찰하고 인식할지, 공감 외 다른 실마리는 어떤 것이 있는지 그 화두를 던지고자 한다.

아마도 적지 않은 사람이 공감으로 고민하고 고통받고 있을 것이다. 나 역시도 이 책을 소개하는 글을 페이스북에 올리면서 아무도 '좋아요'를 눌러주지 않으면 어떡하지 하는 걱정으로 심장이 쫄깃했다.

반면 사회의 변혁을 위해 공감을 올바르게 이용하고자 노력하는 사람도 있다. 그들에게 이 책이 어떤 힌트가 되거나 문제의식을 심어준다면 더 바랄 것이 없다. 그리고 사회와 세계를 더 나은 차원의 것으로 만들어갈 방법에 대해 생각해보는 계기를 마련한다면 더할 나위 없이 기쁘겠다.

차례

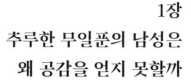

1장
추루한 무일푼의 남성은
왜 공감을 얻지 못할까

◌ **다음의 두 사람 중 당신은 어느 쪽에 공감하는가?**

① 길바닥에 힘없이 앉아 있는 남루한 차림의 60대 남성.
   오래 굶주린 탓에 지금 당장이라도 죽을 것만 같다.

② 내전으로 가족을 잃은 10세 여아. 누더기 차림에
   오랫동안 먹지 못해 당장이라도 죽을 것 같다.

선택하기 전에 잠깐 ①의 남성에 대한 정보를 덧붙여보겠다.

이 남성은 도박으로 모든 재산을 날렸다. 무일푼에 먹을 음식도 바닥난 상태라 무기력하게 길바닥에 주저앉아 있는 것이다. 오랫동안 음식을 먹지 못한 탓에 금방이라도 숨이 끊어질 것 같은 그는, 당신과는 정반대의 이념을 가진 커뮤니티 소속이다.

자, 당신의 공감에 어떤 변화의 바람이 일었을까?

이 세상에서는 일반적으로 ②의 여자아이가 훨씬 더 많은 공감을 얻는다.

또한 ①의 남성에게 앞서 말한 바와 같은 배경 정보가 보태질수록 그에 대한 공감은 확연히 줄어든다.

60세 남성도 10세 여아도 똑같은 인간으로서 같은 굶주림으로 고통받고 있지만 무슨 까닭에서인지 이런 차이가 발생한다.

우리는 어떤 사람에 공감할까?

현실 세계에서 ②의 여자아이는 누군가의 도움으로 배고픔을 해결할 수 있다.

실제로 나는 이제껏 소말리아나 예멘 같은 분쟁지역에서 활동하면서 얻은 공감의 농담濃淡에 의하여 개인의 인생이 180도 바뀌는 모습을 수없이 봐왔다.

소말리아에서 투항병의 갱생을 돕는 활동을 했을 때, 갓 스물을 넘긴 호쾌한 청년과 만난 적이 있다. 왜소한 몸집의 그는 고향 마을의 친구들이 전부 테러 조직에 강제적으로 가입하면서 자신도 어쩔 수 없이 들어가게 되었다는 사연을 갖고 있었다. 갱생시설의 작은 운동장에서 장난기 가득한 눈을 빛내며 얼굴 가득 웃음을 띤 채 열심히 축구를 하던 그의 모습은 상당히 인상적이었다.

그는 자신을 받아준 커뮤니티 대표와도 금방 친해졌고, 그의 고단했던 과거도 제법 사람들의 공감을 얻어 좋은 모습으로 사회에 복귀할 수 있었다.

한편 비슷한 시기에 갱생시설에서 자립한 아바스라는 서른 살의 청년은 매우 성실했지만 붙임성이 없고 과묵했다. 게다가 테러 조직에 가입한 이유가 '돈이 없는 백수라서'였다.

나의 팀은 아바스를 사회에 복귀시키기 위해 고군분투했지만, 그를 받아줄 커뮤니티를 찾는 건 쉽지 않았고 간신히 찾은 커뮤니티에서도 그는 그다지 좋은 인상을 주지 못했다. 그의 태도는 '돈 때문에 과격한 테러 조직에 가담했으니 언제든 돈이 떨어지면 다시 돌아갈 것'이라거나 '제법 나이도 있는데 성격도 별로 좋지 않다'는 인상을 심어주기에 충분했다.

결국 그는 정착하려던 마을을 떠나 다른 마을로 가야 했고, 현재 그곳에서도 여러 문제에 부딪히며 끊임없이 살아가기 위한 노력을 이어가고 있다.

우리는 자신과 공통항을 갖고 있거나 비슷한 경험을 한

대상, 혹은 자신보다 약해 보이는 대상에 좀 더 쉽게 공감하는 경향이 있다. 나아가 자신이 공감하는 만큼 그 대상에게 정당성이 있다고 판단하기도 한다.

공감의 초점이 맞춰지는 포인트는 무엇보다 대상자가 놓인 상황(앞의 문제에서는 당장이라도 굶주림으로 죽을 것 같은 절박한 상황)이 중요해 보인다.

그러나 결과적으로 보면 공감하는 사람의 감정적 반응은 그런 본질 외의 것—대상자의 속성이나 배경 같은—에 큰 영향을 받는다. 혼자 힘으로 인생을 헤쳐나갈 수 없는 어린 난민 아이가 분쟁지역에서 고통받고 있다면 어떻게든 아이를 돕고 싶다는 감정이 공감을 강화시킨다.

또한 보여지는 모습도 공감을 불러오는 매우 큰 포인트이다. 예컨대 ②의 여자아이가 더 가련해 보이거나 지켜주고 싶을 만큼 연약한 모습을 하고 있다면 공감이 강해질 수밖에 없다.

한편 길가에 힘없이 주저앉아 있는 남루한 차림의 60세 남성이라면 부랑자나 노숙자로 인식되어 대개의 사람은 그와의 공통항을 발견하기 어렵다. 하물며 돈이 없는 이유가 도박으로 모든 재산을 날렸기 때문이라는 배경 정보를 듣는다면 오히려 '자업자득 아닌가?'라고 생각할 것이다. 나아가 자신과 반대 진영에 소속된 사람이라면 '꼴 좋다'며 고소하게 생각할지도 모른다.

그러니 눈곱만큼의 공감도 싹트지 않는 게 당연하다. 감정적인 태도에서 벗어나 이성적으로(인지적으로) 생각해봐도 '내가 공감할 만큼의 정당성이 없다'는 냉담한 결론이 기다릴 뿐이다. 여기서 한 걸음 더 나아가 '벌써 60년이나 살았는데 아무렴 어때. 앞으로 살아갈 날이 많은 어린아이가 더 중요하지', '특별히 가여울 것도 없어. 이런 사람은 얼마든 있으니까'라는 생각에 그치기도 한다.

하지만 추루한 노인이든 어린아이든 인간으로서 겪는 굶주림이라는 고통은 다를 바 없다. 개인이 갖춘 정보 처리 능력은 매우 미비하고 매번 똑같이 처리하기 힘들다. 그래서 애당초 모든 인류에 동등하게 공감하는 것 자체가 불가능하다.

결국 개개인이 가진 선입견이나 고정관념에 사로잡힐 때 공감은 특정인에만 해당되는 지향성을 갖게 된다.

'내 편'과 '내 편이 아닌 사람'

최근 심리학 및 뇌과학 분야에서 이뤄진 연구 결과, 사람은 무의식적으로 타자를 '내 편'과 '내 편이 아닌 사람'으로 구별한다는 사실이 밝혀졌다.

같은 주의·주장을 가진 집단 중 100명을 무작위로 모은 후 다시 제비뽑기를 통해 네 개 그룹으로 나눈다면 개개인의 뇌는 전광석화처럼 자신과 같은 그룹을 '친구'로, 다른 그룹의 사람들은 '그 외'의 사람이나 '적'으로 식별한다. 우리 인간 안에 내재된 사회적 존재로서의 본능은 이토록 고도로 발달해 있다는 것이다.

결국 공감이란 어려움을 겪는 누군가가 아닌 곤란에 빠

진 내 편의 사람에게 작동하는 것이라고 할 수 있다. 바야흐로 공감은 차별주의자다.

세계화가 진행되어 거대해진 현대 사회에서는 나와 뜻을 함께하는 동지뿐만 아니라 타자와도 불가피하게 관계할 수밖에 없다. 그것은 그 무대가 세계이든 어느 한정된 지역이든 개개인의 의사와 무관하게 진행되고 있다.

그런 상황에서 공감에 대한 대중적인 주목도라는 성질과 지향성을 방치한다면 어딘가에서 문제가 터지고 말 것이다. 실제로 그런 문제들이 곳곳에서 목격되고 있다.

왜냐하면 명백히 공감할 필요가 있음에도 불구하고 공감을 얻지 못하는 사람이 존재하기 때문이다. 공감에만 의지해서는 어떤 선의도 그 사람에게 닿을 수 없다. 그리고 적으로 식별한 타인에 대해서는 친절한 공감을 티끌만큼도 느끼지 않는다. 오히려 공격의 대상이 될 우려가 있다. 이것이 이 책에서 제기하고 싶은 문제점 중 하나인 '과잉 공감'이다.

덧붙여 공감하기 어려운 대상자의 극적인 예로 '가해자'가 있다. 강도범에서 테러리스트에 이르기까지 과거에 죄지은 자가 사회에 복귀하기란 결단코 쉬운 일이 아니다. 본디 범죄자가 되기까지의 환경적 요인을 바꾸기는 쉽지 않고, 교

도소에서 출소한 뒤 사회에 순조롭게 적응하는 데도 어려움
이 많기 때문이다.

특히 일본은 한차례 범죄를 저지른 사람에 대한 차별
이나 편견이 매우 강하다(한국도 별반 다르지 않을 것이다).
그들이 사회에 복귀할 때 발생하는 문제나 그에 대한 지원
을 널리 알리고 호소하는 기사에 때때로 거친 욕설과 악플
이 달리는 일도 드물지 않다. '당장 사형시켜라', '그런 인간
이니 사회에 적응하지 못하는 건 당연하다. 모쪼록 숨을 거
둘 때까지 죽을 만큼 괴롭기를 바란다'는 악의에 찬 댓글에
수많은 사람들이 '좋아요'를 누르기도 한다.

피해자를 생각하면 그런 의견이 전혀 문제가 되지 않는
다. 그 비통한 심정은 충분히 이해하고도 남는다. 아니, 내가
그 입장이었더라도 틀림없이 똑같이 생각했을 것이다. 또한
쉽지는 않겠지만 피해자가 철저히 보호받을 수 있게 도와야
한다.

그러나 직접적인 피해자가 아닌 제3자가 이렇듯 거칠
게 반응해도 되는 걸까? '사법이 솜방망이 같다', '피해자가
상응하는 보상을 받지 못했다'는 의견에는 충분히 고개가 끄
덕여진다. 그런데 몽둥이로 사람을 때렸다고 해서 사회 구
성원이 전부 힘을 합쳐 그를 두드려 팬다면 내일은 누가 누

구에게 폭행을 당할지 알 수 없는 곳이 될 것이다.

여전히 감정적이지만 조금은 이성적인 태도로 '동기가 어떻든 이런 자에게는 이런 자에게는 전혀 공감할 수 없다. 오히려 호되게 죗값을 물어야 한다'고 말하는 사람들도 있다. 이를테면 '방탕하게 살아온 결과 모든 것을 잃은 가해자'는 나의 친구가 아니므로, 비록 그가 우리와 똑같은 인간일지라도 일말의 공감도 얻지 못한 채 철저히 외면당한다.

가해자이기 전에 사람이기 때문에, 그 또한 누구에게나 부여되는 권리와 인권을 갖고 있다. 피해자의 권리를 빼앗았다는 사실이 그의 권리를 거두는 것만으로 정당화돼서는 안 된다.

여기서 필요한 것은 국가나 정부가 피해자의 권리를 보장하는 것이다. 제3자도 가해자의 권리를 인정하지 않을 게 아니라 가해자가 될 수밖에 없었던 환경적인 요인으로 눈을 돌려야 한다. 그리고 무엇보다 문제가 되는 것은 사건의 당사자도 아닌 사람들이 마치 자신의 일인 양 어떤 말로도 표현할 수 없는 피해자의 괴로운 심정을 멋대로 헤아리고 짐작하는 것이다. 다시 말하지만, 감정적인 이야기는 쉽게 이해할 수 있다.

내가 특별히 가해자의 편에 서 있는 것은 아니다. 분쟁이라는 증오가 충돌하는 한복판에서 일하는 동안 더 나은 사회나 세상을 만들기 위해, 감정적으로 치닫는 비통한 사건·사고가 더는 일어나지 않기 위해선 이성적인 자세가 필요하다는 것을 절절히 느꼈을 뿐이다.

동물에게도 해당되는 공감의 모순

공감을 얻지 못하는 것은 인간만이 아니다. 동물도 그렇다.

예를 들어, '빅 블랙 도그Big Black Dog'는 미국에서 자주 화젯거리가 되는 문제이다. 이것은 검은 대형견은 반려견으로서 꺼리는 경향이 있어서 보호자를 좀처럼 찾기 어려운 현상을 말한다.

일본에서도 작고 귀여운 개에 비해 까맣고 몸집이 큰 개는 '왠지 무섭다'는 이미지가 있다. 또한 대형견은 덩치도 크고 새끼도 많이 낳아서 키우기 힘들다, 털이 까매서 표정을 읽기 어렵다, SNS에 올릴 사진을 찍어도 예쁘게 나오지 않는다, 영화나 소설에서 검은 개는 나쁘게 묘사된다는 등의 이유를 들기도 한다.

표정이 풍부하며 작고 활발한 개는 쉽게 보호자를 만나 유기견 보호소를 속속 떠나는 한편 검고 큰 개는 보호소에 오래도록 남아 있다가 처분당할 운명에 놓일 가능성이 크다.

고양이도 마찬가지다. 일본을 비롯한 세계 여러 나라에서 검은 고양이는 불길하다는 인식 때문에 반려묘로 꺼리는 경향이 있다. '검은 고양이는 사진이 예쁘게 나오지 않아 인스타그램에 올릴 수 없다'는 구체적인 이유를 들기도 한다. 미국이나 영국에서는 검은 고양이에 대한 나쁜 인식을 없애기 위해 '검은 고양이 감사의 날'을 제정했을 정도다.

몇 년 전, 나는 집 근처에 있는 유기묘 보호소에서 고양이 한 마리를 분양받아 지금까지 함께 지내고 있다. 말이 유기묘 보호시설이지 평범한 낡은 집 거실에서 일흔의 할머니가 유기묘를 돌보며 새로운 보호자를 찾아주고 있었다. 거기에는 검은 고양이도 몇 마리 있었다.

할머니는 "이미 컸거나 얼굴이나 몸에 명백히 병든 기색이 있는 애들은 보호자를 찾을 수 없다"고 말했다.

우리 집에 온 고양이도 회복할 수 없는 각막염을 앓고 온몸에 곰팡이성 피부염, 만성 비염이 있었는데, 그보다 더 심한 질병을 앓거나 예닐곱 살의 다부진 체격의 아이를 보면서 보호자를 찾는 게 쉽지 않겠다고 생각했던 기억이 있다. 내가 집에 데려온 고양이는 눈매가 날카롭다는 이유로 한차례 보호자에게 버림을 받았던 아픈 과거가 있다. 동물도 인간처럼 외모가 예쁘면 쉽게 호감을 얻고 외모가 추하면 버림받고 외면당한다니 참으로 잔혹하다.

오래도록 이어지는 '사회적 공감 운동'

이 책의 주제인 '공감'의 변천과 정의에 대해 간략히 살펴보고 싶다.

다양한 생물이 어우러져 살아가는 지구에서는 제각기 다른 각양각색의 문제가 존재한다. 그리고 우리는 그런 문제를 해결하고 세상을 더 좋게 만드는 주요 요인으로서 '공감'이라는 개념에 주목해왔다. 공감과 상상의 결여는 전쟁이나 사회의 대립 등의 문제를 일으키는 원인이 되기에 오랜 세월 '어떻게 타자를 상상하고 공감할 것인지'를 고민해왔다. 그리고 지금도 나라 안팎의 사회를 더 나은 방향으로 이끌어가기 위해 많은 사람이 매일 시행착오를 겪고 있다.

애덤 스미스Adam Smith는 '타자가 행복하기를 바라는 것은 인간의 본성이고, 공감은 그것을 지탱해준다'고 말했다.

또《공감의 시대: 공감 본능은 어떻게 작동하고 무엇을 위해 진화하는가》로 유명한 영장류 동물행동학자인 프란스 드 발은 '몹시 혼미한 현대 사회를 좋은 방향으로 개선하기 위해서는 공감이 중요하다'고 했다. 그 옛날 토마스 홉스Thomas Hobbes는 '호모 호미니 루푸스Homo Homini lupus•'라고 말했고, 찰스 다윈Charles Robert Darwin은 자연 도태라는 생존 경쟁이 있다고 지적했다. 또 허버트 스펜서Herbert Spencer는 적자생존을 사회에 적용시켰다. 열띤 경쟁 원리 아래서 약자는 훗날 살아남아 사회에 압도적인 격차를 만들었다. 프란스 드 발은 그런 '공감 결여의 병리'에 대한 해결책으로서 원숭이 등 영장류 사회에서도 관찰되는 공감이나 협력을 회복하자고 제시하여 최근 큰 지지를 받았다.

또한 '이성에 한계가 있고 이성의 그물로 걸러지지 않는 사람을 구원하는 것은 배려나 공감'이라는 사상이 현대로 이어져 내려왔다. 바야흐로 '우리에게 결여된 것은 상상력과 공감이니 지금이라도 공감하고 단결하자!'는 태도나 행동을 여러 곳에서 목격할 수 있다.

● 라틴어로 '사람은 사람에게 늑대다'라는 뜻.

나아가 사회나 세계적 규모의 문제 해결뿐 아니라 일상생활 속에서도 공감이 문제 해결의 주요한 열쇠가 되고 있다. 2장에서 자세히 다룰 예정인데, 비즈니스에서 고객의 공감을 얻느냐 마느냐는 매우 중요하고 인간관계에서도 공감의 중요성은 늘 이야기되고 있다.

　　세계 각지에서 일어나고 있는 다양한 사회 변혁의 움직임은 곧 공감으로 연결되어 국경을 가뿐히 넘고 세계적 규모로 많은 사람을 아우르는 힘을 가진다. 터키 해안에 밀려온 시리아 난민 아이의 사진을 기억하는가? 저마다의 어린 시절이나 주변의 아이를 떠올리게 만든 사진은 인상적인 해시태그 #KiyiyaVuranInsanli* 와 함께 전 세계로 퍼져나갔다. 비록 한 번도 본 적 없는 남이어도, 자신과 직접적인 관계가 아니더라도 강렬히 공감하거나 공감을 공유함으로써 우리는 연대할 수 있다.

　　증오가 휘몰아치고 분단되어가는 이 시대에 지금 그런 것이 필요하지 않을까. 이런 공감을 부정적으로 보는 사람은 없을 것이다.

* 터키어로 '인간성의 표류'라는 뜻.

'인지적 공감'과 '정동적 공감'

공감의 중요성을 밝혀내기 위해 뇌과학을 비롯한 여러 분야에서 공감에 대한 연구가 이뤄졌다. 공감은 어디에서 오는가? 어떻게 하면 공감하는가? 뇌의 어느 부위에서 이뤄지는가? 다른 동물과 비교했을 때 인간의 공감은 어떤 차이가 있는가? 공감의 결점은 무엇인가? 사회를 좋게 만들기 위해서는 공감을 어떻게 사용해야 하는가? 등등의 연구가 각가지 방법으로 진행되었다.

물론 여전히 밝혀내지 못한 것도 많지만, 공감은 타자에게 상처 주는 것을 억제하고 좋은 행동을 하는 동기를 마련하기도 하여 크든 작든 사회 여러 집단에서 중요하게 작용한다는 사실을 알게 되었다.

공감은 기능적으로 크게 '인지적 공감'과 '정동적 공감'으로 나눌 수 있다. 대략적으로 설명하면, 인지적 공감은 타자의 심리 상태를 추론하여 이성적으로 정확히 이해하려는 것이고, 정동적 공감은 타자의 심리 상태를 감정적으로 공유하고 동기화하는 것이다.

전자는 타자의 배경이나 상황이 어떠한지를 파악하고 이성적 사고 과정을 거치는 것으로, 어느 정도는 온-오프의 전환이 이뤄질 수 있다. 그러나 후자의 경우 까다롭게도 무의식에서 일시적이고 충동적인 감정이 뿜어져 나오기 때문에 온-오프의 전환이 상당히 어렵다.

이 두 가지 기능은 단독으로 작용하기도 하고 상호보완해주기도 하며 동시에 작용하기도 한다. 그렇게 우리는 타자나 사회와 공존하는 법을 익힌다. 그러므로 둘 중 어느 것이 더 좋거나 나쁘다고 말할 수 없다.

예컨대 교도소에 복역 중인 살인범이 그곳에서의 자유롭지 못한 생활에 괴로움을 겪고 있다고 호소하는 상황을 떠올려보자. 소말리아 교도소에서 일하던 시절, 실제로 나는 감방 생활이 몹시 힘들다고 호소하는 손편지를 셀 수 없을 만큼 많이 받았다.

그곳에서 나는 정동적 공감의 작동을 기반으로 상대의 심리 상태를 감정적으로 이해하고 자연스럽게 공감했다. 그러나 한편으로는 인지적 공감의 작동으로 인한 이성적인 사고 때문에 '상대는 살인한 죄를 받고 있다. 국제법 위반 같은 고문이나 열악한 환경에 있다면 문제가 될 수 있지만, 이 정도의 고통은 본인이 감당하는 게 당연하다'는 생각이 들어 그들의 감정에 그리 공감하지 못했다. 이처럼 '공감'에는 두 가지 메커니즘이 있다.

벌레를 태연히 발로 걷어차는 사람도, 그 대상이 자신과 같은 인간이라면 그가 비록 해충 같은 존재일지라도 쉽게 발로 차버리지는 못한다. 물고기나 새라면 어떨까? 고양이나 개라면 분명 간단히 발로 걷어차지는 못할 것이다. 오랑우탄이나 침팬지 같은 영장류도 마찬가지이다. 그렇다면 개미처럼 작거나 눈에 보이지 않는 미생물에 대해서는 어떤 마음일까?

하물며 침팬지나 시궁쥐에게도 다른 개체를 상처 주지 않으려는 성질이 있다는 사실이 밝혀졌다. 특별히 인간이 가장 훌륭한 존재라고 말할 생각은 없지만, 침팬지나 시궁쥐도 할 수 있는 일이라면 우리는 더 훌륭하게 해낼 수 있다. 타자에게 친절하며 상처 주지 않기 위해 노력할 수 있다.

공감은 정의하기도 쉽지 않고, 상황에 따라 각기 다른 의미가 부여되기도 한다. 영어로는 Sympathy와 Empathy라는 두 단어가 있는데, Sympathy를 '공감'으로, Empathy를 '동정'으로 구분하기도 한다. 그러나 수동적이며 반드시 타자의 심리 상태와 자신의 심리 상태가 일치하는 것은 아닌 전자에 비해, 후자는 능동적이며 높은 감정이입을 통해 타자의 심리 상태와 자신의 심리 상태를 쉽게 일치시킨다.

여기에 폭행당한 사람이 있다고 가정해보자. Sympathy라면 폭행당한 사람의 심리 상태를 추량하여 폭행한 사람을 증오하는 일이 벌어지는 것에 반해, Empathy는 폭행당한 사람의 아픔에 그저 괴로움을 느낄 뿐이다. 즉 Sympathy는 타자와 함께 느끼는 것이고, Empathy는 타자에 깊이 이입하는 게 아니라 타자에 따라 느끼는 게 다른 것이다.

이처럼 '공감'과 '동정'은 다른 단어인 만큼 의미도 약간 차이가 있지만, 공감을 인지적 공감과 정동적 공감으로 구분하여 이해하면 동정의 뉘앙스도 알기 쉽다. 또한 어느 한 쪽만으로는 현상을 단면적으로밖에 파악할 수 없어서 두 개념을 포괄한 '공감'이 자주 사용되고 있다.

이 책에서는 이런 의미로 사용되어온 공감을 되짚어보

고 더욱 확장해가고자 한다. 그런 의미에서 공감을 간략히 정의해보면, '타자의 감정 경험에 직면한 사람이 인지적이고 감정적으로 반응하는 것'이라고 말할 수 있다. 자세히 설명하면 '반응하기까지의 과정'인데, 정의의 늪에 빠지기보다 가볍게 이야기해볼 예정이다.

1장의 제목은 '추루한 무일푼의 남성은 왜 공감을 얻지 못할까'라는 질문으로 정했다. 물론 돈 없고 초라한 아저씨라는 이유만으로 공감받지 못하는 것은 아니다. 그가 자신과 같은 주의나 주장을 갖고 있다면 '적이 아닌 같은 편'이라고 생각하는 사람도 있기 때문이다.

따라서 분명히 말하면 '추루한 무일푼의 사람이 내 편이 아닌 어떤 범죄를 저지른 가해자'라면 공감이 생기기는커녕 '그거 쌤통'이라며 고소해할 것이다. 이렇듯 누군가에게 공감받기란 실제로 매우 어려운 법이다.

2장에서는 과도한 공감 사회의 현상과 그 문제점에 대하여 정리해보자.

공감은 '인지적 공감'과 '정동적 공감'으로 나뉜다

○ 인지적 공감

상대의 생각이나 감정을 이성적으로 정확히 이해하려고 한다.
의식적으로 어느 정도 온-오프의 전환이 가능하다.

○ 정동적 공감

상대의 생각이나 감정을 자신의 것처럼 느낀다. '감정적 공감'
이라고도 한다. 무의식적으로 나오는 것으로 온-오프의 전환이
어렵다.

2장
공감 중독이 불러오는 악순환

비즈니스 영역에서의 공감

공감은 우리에게 없어서는 안 되는 것으로, 사회나 세상을 더 좋게 만들어왔다. 사람들은 공감을 통해 타자와 적절한 관계를 형성하고 연대하고 행동하며 장소나 시간을 초월하는 엄청난 힘을 낳기도 한다.

그러나 그런 큰 힘을 위해 개개인의 목적 아래 공감을 얻으려고 하면 대개는 좋든 싫든 시행착오를 겪기 마련이다.

1장에서 말했듯 공감에는 크게 '이성적인 인지적 공감'과 '감정적인 정동적 공감'이라는 두 가지 기능이 있다. 특히 후자는 샘물이 샘솟듯이 찾아오는 것으로 온-오프의 전환이 매우 어려운데, 그것을 어떻게 자극할지가 주요한 전략이다.

그리고 거기에 어떤 의도가 숨어 있는지에 따라 여러 문제가 발생한다. 좋으냐 나쁘냐에 그치지 않는다. 공감이 큰 힘을 숨기고 있는 이상 현대 사회에서는 늘 '공감을 어떻게든 써먹자'는 누군가의 의도에 노출되어 있다.

오해받을 각오로 말하는데 공감은 '돈'이다.

나는 분쟁 해결 분야가 공감과 어떤 관계여야 하는지를 생각했다. 현재 공감이라는 말을 가장 흔히 볼 수 있는 곳은 비즈니스 영역이다. 사람들의 관심을 어떻게 집중시킬까? 어떻게 고객의 손에 상품을 들릴까? 그런 마케팅 분야에서 지금 가장 중요한 것 중 하나가 공감이다. 그 상품을 쓰고 있는 자신의 모습을 머릿속으로 상상할 수 있게 디자인하고 광고한다. 바야흐로 고객의 공감을 얻기 위해 온 힘을 기울인다. '공감 마케팅'이라는 용어가 존재할 만큼 마케팅에서 공감의 중요성을 힘주어 말하는 책이나 기사도 수두룩하다.

실제로 우리가 매일 눈으로 보는 텔레비전 광고, 스마트폰이나 지하철 광고에도 그런 의도가 여실히 반영되어 있다. 서점에 가면 '공감의 폭풍!'이라는 말이 박힌 띠지를 볼 수 있다. 유튜브나 트위터의 애니메이션을 이용한 광고도 고객이 친근감을 느낄 수 있는 그림을 전략적으로 사용해 매우 공들여 만들어진다.

　그런 전략을 대대적으로 내세운 결과, 한때 스텔스 마케팅Stealth Marketing*이 크게 비난받기도 했다. 최근에는 디지털 리터러시Digital Literacy**가 유행하면서 '뭔가 구리다'고 생각하는 사람도 많을 것 같다. 물론 스텔스 마케팅이 일부러 사람들을 속이려는 것은 아니라고 말하는 이들의 억울한 심정도 충분히 이해하지만 공감을 얻으려면 일단 들키지 않는 것이 중요하다.

　굳이 비즈니스 영역이 아니라도 개인은 타자와 더 좋은 커뮤니케이션을 바란다. 그래서 '공감의 커뮤니케이션'을 주제로 하는 각종 책과 기사가 쏟아져 나왔다. 나처럼 비딱한 사람은 공감의 커뮤니케이션이나 스텔스 마케팅에서 풍기는 구린내를 맡을 텐데, 결과를 추구하는 프레젠테이션이라서 분명 수요가 있을 것이다.

　나는 사람들에게 위해를 가했던 왕년의 테러리스트에게 새 일자리를 마련해주는 한편 제 발로 테러단을 나올 만

* 　레이더에 잡히지 않는 전투기 스텔스의 이름을 딴 마케팅 방식.

** 　디지털 문해력이라는 뜻으로 디지털 플랫폼의 다양한 미디어를 접하면서 명확한 정보를 찾고, 평가하고, 조합하는 개인의 능력을 뜻한다.

큼 매력적인 일자리를 만들고 싶었다. 그래서 사업계획서를 만들고 프레젠테이션을 준비해 사람들에게 도와달라고 호소했다. 그런데 서툰 발표 능력 탓인지 "공감하기 어렵군요. 이래선 모두 공감하지 못할 겁니다"라는 말로 나의 계획은 그대로 사장되었다.

공감할 수 있느냐 없느냐는 평가로 이어지기도 하는데, 그 예를 서적이나 영화의 리뷰에서 찾아볼 수 있다. 예컨대 '공감할 수 있어서 너무 좋았다!'나 '도무지 공감할 수 없었고 무슨 의미인지 알 수 없었다'는 식으로 말이다.

공감이 돈과 직접적인 관련성이 없어도(실제로는 대개 연관되어 있지만) 사람들은 이런저런 방법을 고심하여 찾는다.

공감은 '살인 허가증'이 될 수도 있다

분쟁이나 학살이라는 심각한 폭력이 벌어지는 곳에서도 공감은 제법 교묘하게 사용된다.

흔한 사례를 꼽자면, 나치 독일에 의한 홀로코스트나 캄보디아에서 벌어진 제노사이드Genocide•가 있다. 소말리아 내전이나 시리아 내전처럼 복잡한 분쟁에서도 설명할 수 있다. 위의 경우, 공감은 정치적 자의성에 의해 적대하는 타자나 집단에 대한 증오나 공포, 혐오 같은 악한 감정을 대중에 불러일으켜 사람들이 살육을 자행하도록 만들었다.

• 인종, 이념 등의 대립을 이유로 특정집단의 구성원을 대량 학살하여 절멸시키려는 행위.

가장 흔한 것은 자신뿐만 아니라 자신이 속한 집단이 타자의 공격받았을 때 발생하는 피해 감정을 이용하는 것이다.

예컨대 테러단이 지배하는 소말리아의 어느 지역이 공습을 받으면 테러단은 그 공습으로 사망한 사람을 영리하게 써먹는다. "그는 우리 조직원이 아니다!", "고작 여덟 살 난 어린아이가 죽었다!"는 식이다. 그러면 사망자의 유족이나 그 주변인들, 궁극적으로는 정부나 국제사회와 대립하는 사람들이 공습을 자행한 측에 강렬한 증오심을 갖고 테러단에 힘을 실어준다. 이들의 깊은 애도가 테러단으로 하여금 더 큰 공격을 하게 만드는 힘이 되는 상황이 너무도 일반적이다.

이렇듯 자신의 집단이 희생되었다는 사실을 교묘하게 사용하여 전투에 동원하는 일은 여러 분쟁지역에서 사용되었고 지금도 여전히 그렇다. 물론 "저들은 교활한 바퀴벌레다!", "저들은 악마이므로 죽여야 한다!"라는 식으로 적대시하는 타자를 비인간화하는 수법도 자주 사용된다.

르완다의 제노사이드에서는 라디오를 통해 "투치족은 바퀴벌레니 죽여라!", "교묘하게 숨어 있으니 발견하는 즉시 죽여라!"라는 말을 내보내 사람들을 선동했다. 그 결과 후투족의 지극히 평범한 사람들을 하나로 집결시켰고 이는 처참한 제노사이드로 이어졌다.

이 같은 사례는 일본에서도 찾아볼 수 있다. 예컨대 "재일외국인 때문에 일본인이 고통받고 있다"라는 식의 주장은 자국민의 피해 감정과 분노를 자극해 혐오 발언을 하는 사람들을 하나로 만든다.

또 내전이 끊이지 않는 중앙아프리카공화국을 그린 VISE의 다큐멘터리의 제목은 〈United in Hate(증오에 의한 단결)〉이다. 기독교를 믿는 집단과 이슬람교를 믿는 집단 사이에 벌어지는 격렬한 대립과 흥분한 채 상대에게 과격한 말을 쏟아내는 사람들을 그대로 표현한 제목이다. 도쿄 올림픽·패럴림픽의 표어는 'United by Emotion(감정에 의한 단결)'이지만 이것 또한 때에 따라서는 두렵게 느껴지기도 한다.

이런 배경 속에서 분쟁이나 대립의 당사자들은 현장에서뿐 아니라 인터넷상에서도 평범한 사람들을 자기편으로 만들고 공감을 얻기 위해 치열한 '말들의 대전'을 벌이는 양상을 보이기도 한다.

제2차 세계대전 당시 독일군의 공격을 우려한 프랑스의 페르디낭 포슈Ferdinand Foch 장군은 영국의 육군 사령

관으로 훗날 육군성의 요직에 오르는 헨리 B. 윌슨Henry B. Wilson에게 지원군을 요청하면서 다음과 같이 말했다.

"그저 하사 한 명과 병사 네 명만 보내주십시오. 그들은 틀림없이 독일군에 죽임을 당할 것입니다. 그러면 영국은 온 힘을 다해 참전하게 될 것입니다."

'쉬운 이해'가 사회를 비뚤어지게 한다

공감을 목표로 경쟁하는 모습은 사회공헌 활동에 대한 기부에서도 똑같이 일어난다. 가두모금, 홈페이지를 통한 기부, 크라우드펀딩이나 캠페인, 후원자 모집을 위한 광고 등 그 경쟁의 무대는 다채롭다. 그리고 그 하나하나에는 경쟁에서 이기는 방법이 응축되어 담겨 있다.

일단 사람들의 시선을 확 사로잡아 발길을 멈추게 할 미끼나 시각적 이미지를 준비한다. 쉽게 공감을 불러일으키는 사진을 성심껏 고르고 포토샵 편집을 거쳐 한층 완성도를 높인다. 심사숙고하여 인상적인 카피를 뽑고 그것을 잘 담아낼 사진을 찍어야 한다.

또 문제를 더욱 구체적으로 실감할 수 있도록 누구든 이해할 수 있는 간결한 휴먼 스토리도 활용한다. '복잡한 문제가 얽히고설켜서 아홉 명 중 한 명이 굶어 죽는다'라고 전하기만 해서는 좀처럼 공감을 얻을 수 없기 때문이다. "난민 캠프에 사는 여덟 살 어린 무나는 기껏해야 하루에 한 끼밖에 먹지 못합니다. 엄마 사미라는 내전으로 친척과 헤어져 일자리도 없습니다"라는 스토리로 사람들의 관심을 불러일으킨다. "당신 주변에도 굶주림에 고통받는 아이가 있습니다. 이런 일이 있어야 할까요? 모쪼록 눈을 감지 말아 주세요"라고.

정보의 홍수에 허우적대는 바쁜 현대인에겐 사건을 자세히 이해할 배경 지식도 부족하고 심사숙고할 시간도 없다. 그런 그들에게 어떻게 하면 특정 사건을 이미 알고 있는 듯한 착각을 불러일으킬 수 있을까? 정보라면 얼마든지 있고 그것을 매일 순간순간 선택하며 살고 있다. 무한한 정보도 클릭 한 번으로 손쉽게 얻을 수 있으니 난해한 문제를 있는 그대로 전해도 공감을 얻을 수 없다.

그러므로 시선을 확 사로잡는 간결한 표현을 이용해 공감 포인트를 짚어주는 등 다채로운 방법으로 사람들에게 호소해야 한다.

내가 일하는 분쟁 영역도 '세계에서 가장 열악한', '가장 빈곤한', '너무도 잔혹한', '제노사이드', '소년병' 등등의 문구로 가득하다. 특히 제노사이드라는 용어는 강렬한 인상 탓에 위기감을 조장할 때 빈번히 사용되는데, 유엔UN은 이 용어의 오용이나 남용에 주의할 것을 지적하고, 때때로 저 널리즘의 영역에서도 남용되는 용어에 대해 문제점을 제기한다.

'어떻게 사람들의 흥미나 관심을 끌 수 있을까' 하는 관점에서 보면 사회공헌 단체에 있어 가장 중요한 것은 문제 해결력보다 광고나 마케팅 능력일지 모른다. 실제로 어느 세계적인 사회공헌 NPO*에서 일하는 유급 직원 절반 이상이 광고나 마케팅을 담당하고 있다는 사실은 현실적으로 시사하는 바가 크다.

아무리 선한 행동이라도 사람들이 공감하는 총량에는 한계가 있어 어떻게든 더 많은 공감을 획득하기 위해 치열한 경쟁이 벌어지고 있는 것이다.

이건 어쩔 수 없는 일이다. 내가 일하는 법인 NPO에서도 기부금 모금을 위해 나름의 방식을 사용하지만 늘 시행

* Non Profit Organization, 제3영역의 비영리단체를 가리키는 말.

착오를 겪고 그를 통해 배우고 있다.

그러나 주변 시선 따윈 아랑곳하지 않고 어떻게든 더 많은 공감을 얻기 위해 경쟁하다 보면 공감의 획득이 수단이 아닌 목적이 되어버리는 경우도 드물지 않다.

자극적인 문구와 과장된 주장으로 사람들의 관심을 끌다 보면 본래 해결하려던 문제를 악화시키는 결과를 낳기도 한다.

만일 진심으로 세계나 사회를 더 살기 좋은 곳으로 만들고 싶다면 '쉽게' 사람들의 이해를 구하고 관심을 끌어내는 방법은 결코 바람직하다고 말할 수 없다. 오히려 문제의 구조를 더 악화시키는 행위로밖에 보이지 않는다.

공감을 얻지 못한 사회적 과제는 해결되지 못한 채 그대로 남겨진다. 무엇보다 그것을 둘러싼 사회가 바람직하지 못한 형태로 일그러지지는 않을지 깊이 우려된다.

생각할 필요 없이 본능적 이해만이 요구되는 사회의 과제와 주도면밀하게 마련된 해결책에 사람들이 익숙해진다면, 우리를 기다리는 것은 간단히 선동당하는 사람들과 더 나빠진 상황뿐일 것이다. 이런 심각한 문제가 다수 발생할수 있다. 생각이 여기까지 미치니 개인의 공감이 타자의 의도대로 이용되는 게 얼마나 무서운 일인지 오싹해진다.

대립과 분단을 낳는 '지나친 공감'

공감받고 싶고 공감하고 싶다. 이 자체는 문제 될 게 없어 보인다. 인간이 사회적 동물인 이상 누구나 그런 바람을 가지고 있다. 그리고 그런 바람을 실현할 장소나 영화, 책이 인기를 모으는 것도 충분히 이해된다.

그러나 그것은 그 용법이나 용량이 적절할 때의 이야기다. 지나치면 그야말로 '공감 중독' 같은 상태가 되어 여러 가지 문제가 발생한다.

트위터나 인스타그램, 페이스북 등 SNS의 세계는 알기 쉽다. 팔로워나 '좋아요'라는 일종의 공감 버튼이 수치화되어 무의식적으로 타자와 자신을 비교하며 승인 욕구를 자극받는 세상이 되어버렸다. 실제로 많은 사람이 이로 인해 괴로워한다. 이웃집 잔디에 뒤지지 않으려고 자신의 잔디를 파랗게 칠하다 보면 결국 잔디는 죽고 삶은 피폐해진다. SNS가 없던 시대에 비해 우리는 사실인지 아닌지조차도 알 수 없는 산더미 같은 양의 정보 때문에 반강제적으로 타인과 자신을 비교하도록 강요받는다. 자기 승인을 얻기 위해 어떤 물건을 구매하고 서비스를 받는다. 팔로워를 돈으로 사고 '좋아요'의 숫자에 일희일비한다.

이런 일들이 자신의 성장에 어떤 역할을 하고 있을지도 모르지만 정신 건강상 건전하다고는 볼 수 없다. 자신의 존재와 가치가 자기 자신이 아닌 타자의 평가로 정해지기도 한다. 그러면 삶의 이유를 상실해 허탈감에 빠진다. 혹은 타자에 대한 강한 의존으로 이어져 돈을 노리는 사기꾼들의 좋은 먹잇감이 되기도 한다.

타자의 주목이나 공감을 받는 일에 재미를 느끼면 말과 행동도 차츰 변해간다. 마치 자신이 사회에 승인받고 있다(평가받는다)고 느끼고(착각하고) '어떻게든 사회 문제를 해결하자'라는 초심은 어느샌가 귀속 의식과 그것에 적대하는 그룹에 대한 비난으로 바뀌기도 한다.

목소리를 내는 것은 당연히 중요하다. 하지만 신경에 거슬리는 상대를 공격하는 일에 연대한다면 비록 어떤 과제를 해결했다고 해도 십중팔구 대립이나 분단을 불러올 것이다.

그리고 그것이 새로운 과제가 되거나 더 심각한 과제를 낳기도 한다. 그 같은 사례는 헤아릴 수 없을 만큼 많다.

예컨대 수상이나 대통령을 끌어내리려는 운동이 벌어질 때(민주적인 방법이라면 매우 건전한 일이다), 이를 부추기기 위해 그 인물을 가차 없이 깎아내리고 여론몰이를 한다. 'A 수상은 인간도 아니다. 악마다! 죽어라!' 이렇듯 상대를 비인간화하는 비난의 말을 마구 쏟아낸다.

비난의 말을 쏟아내는 사람들의 규모가 100명, 1000명쯤 되면 아드레날린이 뿜어져 나와 더 과격해지기도 한다. 그러나 자신이 비난의 말을 듣는 쪽에 있거나 그 의견에 찬성할 수 없는 사람이라면 '그런 비난을 하는 당신은 대체 뭐뭐냐' 하곤 발끈해 대개 심각한 대립으로 발전한다. 그런 부정적인 감정은 직접 대면하지 않는 경우 그악해져 그 주변인과 충돌할 가능성이 크다. 분노의 대상이 눈앞에 없거나 직접 만날 수 없다면 그 분노의 대상은 접촉 가능한 타자가 되기도 한다.

이런 현상은 젠더 문제에서도 자주 볼 수 있다. 여성이 시대 감각이 뒤처진 남성을 강하게 비난하면 비난받은 남성은 "이 여자 페미야? 여자들이란……"이라며 어느 특정 개인을 넘어 여성 전체를 싸잡아 의식한다. 이런 일은 트위터 같은 SNS에서 쉽게 일어나고 다양성이나 친목을 지지하는 사람들 사이에서도 발생한다.

사회 문제를 해결하고자 목소리를 내는 사람은 다른 사람과 어떤 식으로 연대할지 그 방법에 대해서도 깊이 생각해야만 한다. 일반적인 정론으로는 해결되지 않기 때문이다.

하물며 그 정론도 다른 관점에서는 이미 정론이 아닐 가능성이 높다. 이를테면 일본은 G7에 참가하는 선진국으로서 난민이나 이주민을 받아들이는 문제에 대해 좀 더 적극적으로 행동할 필요가 있다고 주장하는 사람도 있다.

그러나 그들이 만일 '이 주장에 반대하는 사람은 곧 인권 의식이 낮은 것'이라는 식의 태도를 보이면 회복할 수 없는 상태가 되어버린다. 반대하는 사람은 인권이나 인도주의적인 관점이 아닌 다른 포인트에서 불안을 느끼고 우려하고 있는 것이다. 일본이 기꺼이 난민이나 이주민을 받아들인다고 해도 미래 사회가 완연히 성숙하지 않으면 많은 문제가 발생하리라는 건 불 보듯 뻔한 일이기 때문이다.

일본 정부가 국제조약에 서명하였기에 마땅히 행동해야 한다는 주장도 다르지 않다. 반대하는 게 일본 정부뿐이라면 그나마 낫지만 일반 시민들이라면 관점이 빗나가 있는 것처럼 느껴질 것이다.

또 한 가지 의외의 허점은, '주장하는 당신이 짜증 나서 결사반대'라는 감정적인 대응이 일반적이라는 사실이다. SNS에서 벌어지는 이런 논쟁(원래 SNS는 토론할 수 있는 공간이 아니다)을 보면 정말로 그렇게 보인다. 동반되는 행동 없이 듣기 좋은 주장만을 늘어놓는다면 '의식만 높다'며 비아냥거리는 심정이 될 것이다.

이렇게 말하면 '당신은 일본이 계속 문을 걸어 잠그고 있어야 한다는 것인가. 난민이나 이주민을 무시한다'라고 착각할지 모르지만 그렇지 않다. 오히려 검토되는 문제를 어떻게든 해결하기 위해 고심하고 있다.

적어도 사회의 과제를 해결하려는 사람에게는 그 어느 것보다 어떻게든 목소리를 내고 연대할 방법을 찾으려는 의식이 중요하다. 왜냐하면 문제가 있는 사회에는 말이 전혀 통하지 않는 사람도 있기 때문이다.

자신의 인생이 자신의 것이 아닌 사람들

다시 공감으로 주제를 돌리자. 우리 주변에는 '아무도 내게 공감해주지 않는다'며 분노에 치를 떨며 불안정한 상태에 있는 사람이 있다. 지나친 과장이라고 보는 사람도 있을지 모르지만, 실제로 공감에 지나치게 의존한 탓에 자신의 인생을 망쳐 치료가 필요할 만큼 심각한 상태에 놓이는 게 세계적인 현상이다. '자기 승인 욕구의 과도한 비대화'라고도 할 수 있다. 타자의 공감을 얻고 인정받고 싶지만 그렇지 못한다. 따라서 불특정 다수의 공감을 얻고 인정받기 위해 SNS에 거짓말을 하고 허세를 부린다. 자신의 신체를 SNS에 공개했다가 두 번 다시 평범한 일상생활로 돌아오지 못하고 파탄을 맞은 일부 여성의 사례도 드물지 않다.

특히 일본의 젊은이 대다수는 무신론자라서 그런지 자기 존재나 의미를 종교 등 외장형 가치관에서 찾지 않는다. 철저히 자신에 의지하여 살아가는 사람일수록 위험하다.

나는 업무상 경건한 종교인(이슬람교 신자나 기독교 신자)과 자주 만나는데 그들의 근거 없는 자기 긍정감에 때때로 감명까지 받는다. 그들은 '신이 나를 만드셨고, 나를 이끌어주신다'며 자기 존재에 대해 그다지 생각하지 않는다(내 소감은 그렇다).

한편 이렇다 할 배경 없이 과도하게 연결된 지금, 타자와 자신을 비교하며 자신감을 잃는 사람이 너무 많다. 자신감을 가지든 그렇지 않든 나는 나일 수밖에 없지만, 궁극적으로 자신의 존재가 흔들리고 '나는 무엇인지, 무엇 때문에 사는지' 알 수 없게 되어버린다.

그럴 때 어떤 식으로든 타인의 공감을 얻으면(의도적으로 유도했을 가능성도 있다), 공감은 독약처럼 작용하여 의존성이 높은 마약으로 변해간다. 사이비 종교나 수상쩍은 모임 혹은 온라인 살롱이 다 나쁘다고 생각하지는 않지만, 슬금슬금 빠져들 가능성도 있다. 그 결과, 자신의 인생이 자신의 것이 아니게 되어버린다.

대학 시절, 나와 함께 NPO 활동을 했던 어느 후배는 학력 콤플렉스를 비롯한 많은 열등감으로 고민하느라 자신의 가치를 발휘하지 못했다. 그는 어느 날 갑자기 자취를 감췄는데 알고 보니 겉으로는 멋들어져 보이는 어느 다단계 사업 모임에 가입해 있었다. 내게도 돈벌이가 될 만한 솔깃한 얘기를 들려주러 와서는 "이곳저곳 헤맸는데 마침내 내가 있을 곳을 찾았다"고 말해 인상 깊었다.

모임 안에서 따스함을 느끼는 사람들은 모임의 울타리 밖에 대해서는 노골적으로 부정적인 감정을 드러내기도 한다. 울타리 밖에 있는 외부인의 고통에는 샤덴프로이데 Schadenfreude•를 느끼고 그들의 행복에는 불쾌감을 드러내기도 하는데, 이것이 격차나 차별, 대립이나 분단을 불러오기도 한다.

즉, 연결되어 있기에 도리어 동강이 나는 것이다. 세계화가 진행된 이 거대한 사회에서 한 사람, 한 사람이 스스로 안락한 공간을 선택한 결과로 서로 연결되기도 하지만 분단이나 대립 또한 커진다.

• 남의 불행이나 고통을 보면서 느끼는 기쁨.

전면에 드러나는 특정 동일성

내집단이 불러오는 영향 중에 내가 가장 문제의식을 느끼는 것은, 하나의 내집단에서 특정 동일성이 전면에 표출됨으로써 다른 동일성을 도외시하는 움직임이 작용하는 것이다. '전면에 드러나는 특정 동일성'이란 가령 외집단에 대한 증오나 혐오라는 감정이다. 부정적인 가치관은 내집단에서 공감을 낳고 울타리 안에서의 결속을 강화하는 요소가 된다.

그리고 공감이 극에 달했을 때 부정적인 감정이 두드러지게 표현되고 가치관에서 벗어난 대상을 향해 맹위를 떨치기도 한다. 비록 내집단의 팀원이라도 집단의 가치관에서 벗어난 사람은 외집단으로 인식하고 공격의 대상이 되기도 한다. 그런 집단의 동일성은 새로운 것이 나타나면 곧 과거의 집단 동일성을 대체하기도 한다.

뉴욕대학의 심리학자 제이 J. 반 바벨Jay J. Van Bavel은 백인과 흑인 몇십 명을 모집하여 그들을 타이거즈와 레오파드라는 두 팀 중 한 곳에 속하게 한 뒤 다른 사람이 어느 팀에 속하는지를 기억하게 하는 실험을 했다.

그 결과, 자신과 같은 팀에 속한 사람의 얼굴과 그렇지 않은 사람의 얼굴을 보았을 때 호감에 관여하는 안와전두피질의 움직임이 명백히 달랐다. 전자일 때 활발히 움직인다는 사실이 밝혀지면서, 흑인과 백인이라는 기존의 집단 동일성을 순식간에 갈아치웠다.

내집단에는 좋든 싫든 공감이 강하게 작용한다. 특히 공감이 분노나 증오로 이어질 때 기존 내집단의 성질을 순식간에 바꿔버릴 만큼의 힘을 지니고 있어서 과격한 행동으로 이어지기도 한다. 커뮤니티 시대에는 우리의 의도와 상관없이 그런 환경에 놓일 가능성이 있으므로 늘 위험이 존재한다고 볼 수 있다.

이를 처음으로 실감한 것은 시위 활동을 하는 쉴즈SEALDs•

• Students Emergency Action for Liberal Democracy-s. 자유와 민주주의를 위한 학생 긴급행동.

와 엮였을 때였다.

그곳에는 마침 내 지인들도 활동하고 있었다. 쉴즈는 내게 정기적으로 시위나 연설에 참여해줄 것을 제안했지만, 나는 따로 생각하는 바가 있어 그 제안을 거절했다. 그 후 여러 사람에게 "당신은 뜻밖에도 우파에, 아베 정권을 지지하고 전쟁도 찬성하는군요"라는 말을 들었던 것을 지금도 똑똑히 기억한다(쉴즈를 비판하는 것은 아니다). 그리고 어느 취재에서 "지금껏 많은 NGO● 활동을 취재했는데 NGO임에도 아베 법제에 명백히 반대하지 않은 사람은 처음입니다"라며 비웃음을 당한 적도 있다.

그들처럼 나 역시도 세상을 더 살기 좋은 곳으로 만들고 싶다는 소박한 바람을 가지고 있다. 실제로 그들은 내가 자신들과 많은 동일성을 공유하고 있다는 것을 알고 있었음에도 그런 말로 태연히 나를 모욕했다. 이렇듯 집단 동일성이라는 것은 끊임없이 바뀌는 것이며 그 사실을 자각할 필요가 있다.

● Non-Governmental Organization. 정부기관이나 정부와 관련된 단체가 아니라 순수한 민간조직을 총칭하는 말.

과잉 동조에 뒤따르는 위험성

지나치게 공감하면 공격적으로 변하기도 한다. 과도한 공감에 의한 폭주란, 피해자의 보복 감정에 너무 이입한 나머지 그들의 슬픔이나 분노를 제멋대로 대변하여 행동하는 것이다. 피해자와 전혀 관계없는 제3자임에도 불구하고 말이다.

이것은 분쟁지역은 물론 그곳과 멀리 떨어진 이곳에서도 버젓이 일어나고 있다. 예를 들어, 아이와 함께 걷던 어머니가 운전자의 전방주시 소홀로 교통사고를 당해 중증 장애가 남았다고 생각해보자. 그들이 느끼는 슬픔과 분노는 어떤 말로도 형용할 수 없을 것이다.

이런 상황에서 피해자에 대한 배려가 충분하지 않다

면 왠지 가해자의 권리가 더 잘 지켜지는 것처럼 보인다. 오래전부터 피해자에게는 보상받을 길 없는 고통과 떨쳐낼 수 없는 아픔이 강하게 남는다는 지적이 있었다.

그런 가운데 선량한 시민들이 SNS를 비롯한 인터넷상에서 자발적으로 피해자의 아픔과 슬픔에 깊이 공감하며 반응한다. '우리의 사법제도는 썩을 대로 썩었다. 이래서는 보상받지 못하는 피해자가 너무 가엽다. 내게도 딸이 있는데 만일 내 딸을 죽였다면 죽음으로 복수할 것이다. 그러니 적어도 가해자는 사회적으로 말살되어야 한다'는 생각 때문에 가해자의 이름, SNS, 경력, 가족, 사진 등을 검색해 세상에 그대로 공개하여 사회적으로 매장한다.

이때 생긴 연대로 인해 인터넷상의 익명 게시판에서 서로 분담하여 정보를 캐내기도 한다. 피해자를 대신한다는 대의명분을 앞세워 당당히 몽둥이를 치켜든다. 피해 감정과 보복 감정에 강하게 공감한 결과, 폭력적이고 과격한 자위단이 탄생하는 것이다. 이런 일이 일상적으로 일어나는 트위터에서는 '정치적 올바름Political Correctness•'이라는 용어도 화제가 됐다. 누군가 어떤 잘못을 저지르면 대중 앞으로 끄집

• 말의 표현이나 용어의 사용에서, 인종·민족·언어·종교·성차별 등의 편견이 포함되지 않도록 하자는 주장을 나타낼 때 쓰는 말.

어내 실컷 두들겨패는 것이다. 정치 영역에서라면 때로는 이 방법이 문제 해결을 위한 실마리가 될지도 모른다.

하지만 내 눈에는 잔인한 폭력으로밖에 보이지 않는다. 약자를 괴롭혀서는 안 된다고 말하면서 정작 불특정다수가 힘을 합쳐 누군가를 공격하는 양상은 그저 오싹할 따름으로 결코 사회적인 행동이라고 볼 수 없다.

또 '피해자가 먼저다', '피해자가 중요하다'는 말도 이곳 저곳에서 볼 수 있는데 꼭 그렇지만은 않다. 분명 당사자인 피해자의 의견이 중요하지만, 그게 전부는 아니다.

분쟁 해결과 평화 구축을 위해 일하고 있는 나는 그 중요성을 무겁게 의식하고 있다. 그러나 그 이상으로 '당사자가 아닌 사람이 어떻게 해야 하는지'를 생각한다. 당사자의 힘만으로는 해결할 수 없는 일이 있기 때문이다.

단순한 다툼이라도 당사자 혼자서는 도저히 해결되지 않을 때가 있다. 그럴 때 친구나 선생님, 때로는 동네 사람들이 나름의 역할을 맡아 해결에 나서야 할 때도 있는 것이다.

당사자의 목소리에 동조하는 건 간단하다. 그러나 그만큼 문제를 한층 심화시키거나 또 다른 문제를 야기하기도 한다. 때때로 문제를 해결하기 위해 당사자 외에 제3자가 필요하다.

비판보다 위선이 좋을 때도 있다

SNS를 통해 선동하고 선동당하는 세상에 진절머리가 나는 사람도 있을 것이다. 더는 SNS 같은 건 보고 싶지 않다고 말하는 사람도 있다. '연대'나 '원팀One Team'처럼 단결을 호소하는 구호에 신물 난 사람도 있을 것이다. 그래서 코로나19 바이러스가 맹위를 떨치는 와중에도 '연대'나 '결속'이라는 키워드를 내세워 도쿄 올림픽·패럴림픽의 개최를 흔들림 없이 추진하는 모습을 보고 내심 혐오감을 느꼈던 사람도 많다.

나 역시 달콤한 말들을 주장하면서 내집단에 없는 타자에게는 공격적이고 폐쇄적인 태도를 보이는 이들을 보며 안타까웠던 적이 한두 번이 아니다. 그들은 자신의 이런 태도를 자각하지 못한다. 앞에서 말한 바와 같이 이곳저곳에서 타자의 공감을 얻기 위해 애쓰는 모습이 역력하기에 공감의 꺼림칙한 성질이나 공감의 결과로 돌아오는 반동에 피로감을 느끼는 것이다.

트라우마나 슬픈 사건·사고에 과도하게 공감할 때 발생하는 '공감 피로'나 '공감 탈진'도 최근 문제로 언급되고 있다. 과거보다 쏟아지는 정보의 양도 많아졌고 공감이 반응하는 대상과 접할 기회도 단연코 많아졌다.

최근 감동 포르노Inspiration Porn[•]라는 말이 화제가 되었다. 감동이나 공감을 불러일으키기 위해 귀여운 사람을 기용하는 것에 거부반응을 보이는 사람이 많은 것이다.

감동 포르노는 오스트레일리아의 저널리스트 겸 코미디언 스텔라 영Stella Jane Young이 만든 말이다.

자신의 장애에 대한 사회적 시선의 문제를 깨달은 그녀가 "저는 여러분이 감동하는 대상이 아닙니다"라고 말한 테드TED 강연은 한국을 비롯해 세계 전역에 큰 충격을 안겨주

• 언론인 및 장애인 권리 운동가였던 스텔라 영이 2012년 호주방송협회의 웹 매거진 〈Ramp Up〉에서 처음 사용한 말로, 대상화를 통해 특정 감정을 느끼게 하는 포르노처럼 장애인을 '불쌍한 존재'나 '감동을 주는 존재' 쯤으로 생각하게 만든다는 의미에서 사용했다.

었다.

텔레비전에서는 종일 배려에 대해 말하는 프로그램이 방영되지만, 오히려 위선과 해악의 말도 증가한 것 같다. 이런 현상은 공감을 부추기려는 노림수에 놀아나서는 안 된다는 경고처럼 느껴지기도 한다.

하지만 그런 비판은 때론 지극히 평범한 선의에도 악영향을 미친다. 예컨대 평범한 선의에 대해 '사람을 돕고 싶다고? 그거 자기중심이고 위선이야', 'NPO 법인은 감성팔이를 하는 곳'이라는 식의 비난은 사회를 더 좋게 만드는 건전한 공감(이성적이고 인지적인 공감)도 현실 도피적으로 보이게 만든다.

과거 일본의 정치학자인 마루야마 마사오丸山真男가 《위선의 권함偽善のすすめ》에서 우려했던 바대로 사회적으로 선한 모든 것에 무턱대고 비판을 쏟아내면 선과 악, 정의로운 것과 정의롭지 못한 것에 대한 감각이 마비되고 만다.

중요한 것은 문제의식을 이해하고 그 문제에 대해 어떻게 행동하느냐일 것이다. 결국 땅(문제)에 발을 딛고 서 있는 것이 중요하다.

또 '행동하지 않는 선보다 행동하는 위선이 낫다'는 말처럼 사회적 선이 무릇 행동에 근거한다면 그 행동의 결과는 분명 클 것이다.

　어디까지나 감동 포르노에 찬반양론이 있다는 것이지 결코 선이 나쁘다는 의미는 아니다. 결국 무슨 일이든 균형이 중요하다. 지금 세상에 더욱 포괄적인 시각을 가지는 것이 이 시대가 요구하는 바이다.

3장
공감과 잘 지내는 방법

분쟁지역에서 활동하는 이유

대학 3학년 때 페이스북에서 어떤 메시지를 받았다.

"당신을 이슬람법으로 처단한다. 사형!"

이 메시지를 보낸 사람은 내가 활동하는 곳의 도움으로 폭력단에서 벗어나 사회에 순조롭게 복귀했던 소말리아 남성이었다.

그러나 그는 복귀 후 어느 폭력단의 우두머리가 되었고 민병대에도 가입했다. 마약에도 손을 댄 그는 약에 취한 상태에서 총이나 칼을 들면 여실히 공격성을 드러냈다. 그는 내게 이런 메시지를 보낸 후 여지없이 총을 든 사진이나 잔혹한 사진을 위협하듯 연거푸 보냈다.

그것이 내가 받은 첫 협박이었고, 이후로도 여러 협박에 시달려야 했다. 사소한 오해로 격분해서는 현지에 있는 우리 사무실 근처까지 찾아와 "죽여주마" 하고 협박하는 사람도 있었다. 그리고 마침내 내 사진을 멋대로 사용해 만든 지명수배 전단지를 폭력단 내부에 뿌리기도 했다.

최근 나는 테러단에 자발적으로 투항할 것을 독려하기도 하고, 최전선에서 현지 군과 연대하여 투항해온 사람에 대해서는 특별 사면과 사회 복귀에 대한 상담 안내를 하고 있다. 그런 활동을 통해 이제껏 140명이 넘는 사람이 자발적으로 투항했다.

투항에 대해 상담하는 창구의 핫라인Hot Line에는 현지 정부와 함께 우리 지원단체가 대응했는데, 걸려오는 전화의 절반은 협박이었다.

"당장 죽여주마, 기다려"라는 말로 시작으로 "여기(테러 단체가 지배하는 마을)까지 와봐. 잡히면 죽는다"에 이르기까지 협박의 말도 다채로웠다. 우리가 일본인이라는 사실을 비롯해 특정할 수 있는 조직명 등의 정보는 일체 숨기고 있어 아직 직접적인 피해는 없지만, 그래도 그런 전화를 받으면 충격이 클 수밖에 없다.

대학 1학년 때인 2011년, '전례 없는 인류의 비극'이라

불리는 소말리아 분쟁에 대해 알게 되었다. 그 분쟁 해결을 위해 노력할 것을 결의하고 행동한 지 어느덧 10년이 지났다. 소말리아를 어떻게든 돕자는 결의에서 시작한 활동이 지금은 본업이 되어 소말리아뿐 아니라 세계의 테러와 분쟁 해결을 목표로 할 만큼 성장했다. 투항하거나 체포된 사람들의 폭력성을 완화시키고 그들이 속한 테러단에서 벗어나 사회에 잘 복귀할 수 있도록 지원하는 일을 하고 있다.

우리가 하는 일은 단연코 즐거움보단 힘든 일이 압도적으로 많으며 험한 일 또한 끊이지 않는다.

갑자기 날아드는 살해 협박 따윈 이미 익숙해졌다. 하지만 테러나 총격전을 눈앞에서 겪어 동료 여럿이 크게 다치기도 하고 목숨을 잃기도 했다.

또 우리가 보살피던 투항자가 훗날 전투나 테러로 목숨을 잃는 일도 있었다. 2021년 1월에 자립하여 사회에 복귀한 투항병이었던 그는 축구를 좋아하는 평범한 스물한 살의 청년이었다. 그는 꿈에 그리던 정부군이 되었지만 안타깝게도 테러단과의 전투에서 목숨을 잃었다.

애당초 그는 원해서가 아닌 테러단의 협박으로 친구와 함께 그곳에 가입할 수밖에 없었다. 그 후 용기를 내어 투항했는데 어렵사리 새로운 인생을 시작하자마자 세상을 떠나

버려 안타까웠다.

그런 분쟁지역에서 대개의 사람이 꺼리는 일을 하다 보니 나는 늘 최악의 상황을 상정하고 위기관리를 해야만 한다. 만일 납치당하면 어떻게 해야 하지, 등등을 생각하는 것인데 그럴 때마다 마치 신경이 끊어질 듯 예민해져 돌봐줘야 하는 투항자와 싸우기도 했다.

그럼에도 불구하고 나는 왜 이 일을 하는가? 왜 그만두지 않는가?

그건 오로지 테러와 분쟁을 이 세상에서 지우고 싶다는 바람 때문이다. 지금 내 일은 내가 전혀 좋아하는 것도 아니고 또 잘하는 것도 아니다. 하지만 더 좋은 세상을 만들기 위해서 '요구의 양'과 '할 사람이 있는가'라는 두 가지 사항을 검토해야 한다고 생각했다.

테러와 분쟁을 없애기 위해서는 평화 합의를 맺지 않은 분쟁지에서 일어나는 증오의 연쇄를 끊고, 분쟁 당사자가 사회에 복귀하지 못한 채 폭력을 반복하는 악의 반복을 멈춰야만 한다. 그래서 어떻게든 평화를 발전시키는 긍정적인 순환을 만들어야 한다.

쉬지 않고 책상에 앉아 공부했던 재수생 시절을 거쳐

대학에 입학한 2011년 당시에도 국제협력의 활동 분야, 특히 NPO나 NGO에 대한 큰 편견이 존재했다. 장소로서는 독보적으로 동남아시아가 인기 있었고, 분야로서는 교육이 압도적 1위여서 젊은 사람들은 인도적인 원조나 보건위생의 국제협력 활동을 꿈꿨다. 그리고 지원 대상으로서는 쉽게 공감할 수 있는 어린아이나 여성, 난민이 인기였고 그것은 지금도 다르지 않다.

그것 자체를 비난할 마음은 눈곱만큼도 없다. 단, 실제로 편견이 존재하고 지금도 강하게 남아 있다는 말을 하고 싶다.

그 현실 앞에서 소말리아는 도움의 손길을 간절히 원하고 있음에도 외면당했다. 어떤 위험이 있거나 전례가 없다고 해도 아무도 기도해주지 않는 소말리아를 향한 나의 의식은 날로 강해졌다.

'세상에서 가장 위험한 곳'이라지만 그런 건 아무래도 상관없었다. '무엇을 할 수 있는가'보다 '무엇을 해야 하는가'로 사고를 전환하고 거기서 하나씩 맞춰가자고 결심했다.

그래서 먼저 소말리아인이나 소말리아 관계자와 인연을 만들고자 분주히 다녔다. 그런 후에 우리가 할 수 있는 일을 하자고 생각했기 때문이다.

하지만 현지에는 수많은 문제가 있었고, 결국 분쟁지역의 고아들을 위한 유학 지원, 운동용품을 모아 현지 청소년 스포츠팀에 보내는 일부터 시작하게 됐다. 활동을 펼치는 동시에 어떤 지원을 원하는지 끊임없이 조사했고 어떤 행동이 최선인지를 늘 생각하고 실행에 옮겼다.

문제 해결을 위해서 피해자보다 쉽사리 잊히는 가해자로 시선을 돌릴 때 비용 대비 효과가 더 컸으며 바로 그 지점에 우리가 해야 할 일이 있다는 것을 깨달았다.

그래서 우리는 소말리아의 폭력단에 초점을 맞췄고 그들의 변혁을 꿈꾸기 시작했으며 테러리스트로 점차 그 대상을 확대해왔다.

이 활동을 통해 '공감'에 대한 문제의식을 느낀 나는, 비록 연구자는 아니지만 실무자로 일하며 느끼고 생각한 공감에 대한 이야기를 들려주고자 마음먹었다.

악마 같은 상대와 마주하기

공감은 문제를 해결하고 사회를 더 좋게 만드는 열쇠로서 분쟁 해결이나 평화 구축의 분야에서도 잘 키워가야 할 능력임에는 분명하다. 상상력이나 공감 결여로 분쟁이나 대립이 초래되기도 하므로 자신뿐 아니라 상대가 놓여 있는 배경을 알고 상대에 대하여 생각하는 게 중요하다. 그 사실은 분쟁지역이나 분쟁 후 사회에 필요하다.

가령 1994년 벌어진 르완다 대량 학살은 적어도 80만 명이 학살당한 근현대사 최악의 참사 중 하나로 손꼽힌다. 학살 당시 선동당한 사람들은 자신의 친구였던 이들을 무참히 살해했다. 이로 인해 르완다에는 여러 곳에 대량 학살 기

넘센터가 지어졌으며 르완다의 아이들은 물론 국외의 많은 방문객도 이곳을 찾는다.

그런 대량 학살을 두 번 다시 일으키지 말자는 강한 의지를 바탕으로 기념센터에는 참살당한 유해와 무기가 전시되어 있고, 라디오에서 흘러나왔던 선동의 목소리가 재생된다. 그와 동시에 '만일 당신이 나를 알고 당신 자신을 알고 있다면 나를 죽이거나 하지 않을 것이다'라는 유명한 말이 소개된다. 바야흐로 타자를 이해하고 서로를 이해할 때 비로소 타자를 떠올리고 공감할 수 있다는 것이다.

나는 과거 두어 번 센터를 방문한 적이 있는데 특유의 냄새 속에 가지런히 진열된 주검이나 두개골을 보며 이 문장의 무게를 뼈저리게 느꼈다. 어째서 똑같은 인간끼리 이토록 잔혹해질 수 있을까? 그것은 위의 문장이 말하듯, 자신과 타자에 대한 이해가 없었기 때문이다.

르완다에는 지금도 크고 작은 여러 문제가 있지만, 이런 어두운 과거를 회고하며 후세에 가르침을 주어 아프리카에서 가장 안전한 나라가 되었다.

앞서 말한 대로 나는 소말리아나 예멘 등 분쟁지역의 투항병이나 체포된 사람들이 갱생하고 사회에 잘 적응할 수

있도록 지원하는 일을 하고 있는데, 과격한 그들을 누그러
뜨리는 프로그램도 더 발전시켜갈 계획이다.

상담 시 나는 그들에게 테러단에 들어간 이유와 테러
행위를 자행한 이유에 대해 물어 되돌아보게 만든다. 그들
은 모두 이슬람교도라서 이슬람교 사상을 근간으로 타자의
인권과 윤리에 대해 생각하는 세미나를 주 1회 개최하고, 사
회의 대표자를 초청하여 대화를 나누고 서로를 이해할 수
있는 대담을 열기도 한다.

악마 같은 그 사람에게 어떤 배경이 있을까? 악마로 보
이는 상대와 나는 공통점이 전혀 없을까? 서로 어떤 공감할
점이 있지 않을까? 악마이니 죽여도 되는 걸까? 같은 여러
생각을 통해 비폭력적인 행동의 실마리를 찾아간다.

도덕이나 윤리, 올바른 사고방식을 강요하듯 가르쳐도
그저 반발만 살 뿐이다. 종교를 일방적으로 재교육시키는
방법도 효과적이지만(특히 이제까지 이슬람교에 대하여 자
세히 배우지 못한 사람들), 적지 않은 사람이 강제적인 교육
프로그램에 반발한다. 따라서 함께 자신과 타자에 대하여
생각하는 게 중요하다.

'외국인은 전부 적이니 무너뜨려야 한다'고 말하는 연
유는 무엇인가? 그들은 정말 적일까? 반대로 친구가 될 사

람은 어떤 사람일까? 그런 사람이 있기는 할까? 서로 협력
해야 지금보다 더 나은 사회, 세상을 만들지 않을까? 이런
의문들에 대해 깊이 생각했다.

그러자 실제로 나와 타자 사이의 공통점을 발견했고 상
대를 악마가 아닌 나와 똑같은 인간으로 인식해 폭력적인
행동을 하지 않을 가능성을 찾기도 했다.

물론 대화가 통하지 않는 사람도 있었다. 2019년 테러
행위로 교도소에 수감됐던 스무 살 청년의 고향은 테러단이
지배하는 곳으로, 그의 아버지도 조직원이었으며 고향 친구
들도 협박과 위협을 이기지 못해 테러단에 가담했다. 그는
교도관이나 교도소 소장 앞에서는 적당히 온건한 태도로 지
냈지만, 허심탄회하게 대화를 나눠보니 여전히 내면은 과
격주의자로서 폭력성을 지니고 있었다. 그가 석방되기까지
1년 남짓의 시간 동안 우리가 맡아 보살폈지만, 끝내 그의
내면은 달라지지 않았고 이 또한 여전히 문제로 남아 있다.

갱생되지 않는다고 외면해서는 안 된다

중요한 건 행동이다. 비록 내면이 과격하고 폭력적이라도 여하튼 테러 행위에서 벗어났다는 사실, 테러와 멀리 떨어져 있는 상태를 유지하고 꾸준히 지속해갈 수 있도록 함께 애쓰는 수밖에 없다.

　내면에 어떤 주의나 주장을 갖고 있든 그것은 어디까지나 개개인의 권리에 속한 영역이므로 비난할 수 없다. 전문용어로 온건화De-Radicalization되지 않아도 이탈Disengagement하면 되는 것이다. 사상의 온건화는 100퍼센트에 이르기 좀처럼 어려워서(100퍼센트라고 해도 괜찮은 것은 아니다) 사회는 어떻게든 행위에서 벗어난 이탈 상태를 유지하는 게 중요하다.

일반 범죄학에서 갱생이론을 근거로 하는 어떤 방법을 동원해도 갱생에 이르는 길은 곧은 직선이 아닌 지그재그로 되어 있다. 갱생보호의 본질적인 목표는 그 과정을 장기적으로 바라보며 바람직한 방향으로 나아갈 수 있도록 지지하는 것이다.

그러므로 우리는 그들이 교도소나 재활시설에서 나온 뒤에도 장기적으로 그들을 지켜보고 보살피고 있다. 영상통화로 고민을 상담해주고 어떤 상태에 있는지 살피기도 하는데, 그들 내면에 여전히 남은 과격함 때문에 논쟁 거리가 생겨도 추궁하는 대신 과격하지 않은 행동을 칭찬하고 응원하며 새로운 인생을 만들어가는 모습을 지켜본다.

물론 나의 이런 행동이 매번 성공하는 것은 아니다. 때로는 실패할 때도 있다. 투항병으로 위장한 스파이가 수감된 동안 시설을 확인한 다음, 석방 후 테러단으로 돌아가 시설을 공격해온 일도 여러 번 있었다. 2021년 4월에도 투항해온 조직원이 테러단에 무기를 가지고 돌아가는 일이 있었다. 상대방이 거짓을 말하는지 혹은 진실을 말하는지, 오늘 거짓말하지 않더라도 내일은 어떻게 될지 알 수 없다. 이 같은 일은 얼마든지 일어난다.

그러나 이것 또한 직시해야만 하는 게 현실이다. 이런 현실에 두 발로 딛고 서서 어떻게 행동해야 하는지, 무엇을 해야 하는지를 항상 생각하고 해결하기 위해 쉼 없이 행동하는 게 중요하다. 비록 실패하더라도 '이 일에 대체 무슨 의미가 있는가'라고 탄식만 해서는 안 된다.

비극의 연쇄 고리를 끊기 위해

테러리스트라고 불리는 사람들을 받아주는 사회를 대상으로 하는 설명회나 화해 모임에서는 그들이 어떤 배경에 있는지에 대해 먼저 이해를 구하도록 가르친다.

물론 무고한 사람을 살해하는 행위는 강한 공포와 분노를 불러일으킨다. 그런 감정까지 부정할 수는 없다. 그러나 그들을 이해하고 보살피는 것은 또 다른 이야기다. 과거에 테러리스트였다고 해도 투항한다면 받아주는 긍정적인 사람도 있지만, 기본적으로는 역시 받아들이기 쉽지 않다. 게다가 피해자가 타인이라면 그나마 재고의 여지가 있지만, 자신이 직접적인 피해자라면 그리 쉽게 받아들이지 못한다.

그러나 테러단의 협박으로 어쩔 수 없이 테러리스트가 될 수밖에 없던 사정이나, 세뇌당해 무슨 일이 벌어지는지도 모르면서 총을 든 사람들의 애달픈 현실에 대해서 설명하면 '그들과 같은 처지였다면 나도 테러리스트가 되었을지 모른다'고 생각하는 사람이 나온다. 또한 적지 않은 사람이 그들을 받아들이고 적극적으로 대화에 나서기도 한다.

이런 과정을 거치면서 다른 타자에 공감하고 그와의 거리도 더 가까워질 것이다. 우리는 개인뿐만 아니라 사회로도 시선을 돌려야 한다. 그렇지 않다면 이 비극은 이후에도 계속될 것이다.

다른 사례를 들어보자. 유구한 역사를 간직한 보스니아 헤르체고비나는 웅장한 자연과 다양한 문화를 보유하고 있다. 또한 전국 방방곡곡이 인기 관광지인 아름다운 나라이다. 그러나 1990년대 유고슬라비아가 붕괴하는 과정에서 발발한 분쟁은 지금까지 이어져 동유럽의 보스니아 헤르체고비나에서는 세 민족 사이에 정치를 비롯해 교육, 생활 환경까지 전부 분단되었다. 개인적으로는 평화 프로세스의 실무자 연수에서 만난 친구가 사는 나라이기도 해서 여러 차례 그 나라의 화합과 평화에 대해 토론하기도 했다.

보스니아 헤르체고비나는 지금도 진정한 화해(무엇이 진정한 화해인지 단정하기는 어렵지만)에 이르기에는 아직 먼 상태에 있다.

격렬히 싸워온 역사가 있는 기성세대는 다소 어렵지만 미래를 만들어갈 아이들에게는 민족과 종교에 무관히 자유롭게 교류하며 공부할 수 있는 공간을 만들어주고 한데 어울려 축구를 하는 등 분단을 극복할 수 있도록 상호이해를 돕는 프로그램을 다방면으로 실행하고 있다. 비록 학교는 배움의 공간과 놀이 공간이 민족 별로 나뉘어져 있지만, 방과 후에는 다른 민족의 아이들과 뒤섞여 운동하도록 돕는 평화 교육이 이루어지고 있다. 아이들은 나와는 다른 민족이나 종교가 다른 사람과 함께 시간을 보내며 깊은 이해를 얻고 서로에게 공감한다. 그 결과 아이들은 오랜 세월 이어온 민족 간 대립을 극복하기도 한다.

백인 경찰관에 의한 흑인 남성의 사망 사건으로 촉발된 'BLMBlack Lives Matter ﹡운동'이나 스웨덴의 환경운동가 그

﹡ '흑인의 목숨도 소중하다'는 뜻으로, 2012년 미국에서 흑인 소년을 죽인 백인 방범요원이 이듬해 무죄 평결을 받고 풀려나면서 시작된 흑인 민권 운동.

레타 툰베리Greta Ernman Thunberg가 시작한 'FFFFridays For Future*운동' 등 사회의 부정의나 세계적 과제에 대한 운동이 국가나 민족, 종교를 망라하고 강한 공감을 불러일으키며 확대되고 있다. 일본에서도 이들 운동에 뜻을 모은 젊은이들이 전국 각지에서 행동하고 있다.

이렇듯 공감이 사회와 세상을 더 나은 것으로 만드는 열쇠 중 하나라는 사실은 틀림없다. 특히 기존의 틀만으로 대응할 수 없는 문제를 해결해가는 데 공감이 큰 역할을 한다.

하지만 공감은 명백하게 분쟁이나 대립 같은 것을 불러오는 원인이 되기도 한다. 다시 말하지만, 예컨대 1990년대 벌어졌던 르완다 대량 학살은 같은 민족, 어릴 적 친구, 동료 등 동일성을 완전히 무시하고 특정 민족에 대한 혐오감을 부채질한 결과이다.

세계적 규모로 전개되는 테러와의 전쟁이나 무고한 시민의 목숨을 앗아가는 테러리스트에 대해 강한 혐오감과 증오심을 전면에 드러내는 것도 이와 다르지 않다. 일단 적으로 인식하면 우호적인 태도는 비난의 대상이 되고 복수해야한다는 의견에 힘이 실리기도 한다. 사람을 죽이는 것은 옳

- 미래를 위한 금요일-기후변화에 대한 어른들의 무책임에 항의하고 대책을 촉구하기 위해 금요일에 학교에 가지 않는 운동.

지 않다고 생각하지만, 집단을 거스르기도 어렵다. 그래서 적이 된 사람을 죽이는 일도 드물지 않게 일어난다. 이런 일은 테러와의 전쟁이나 아프리카 등지의 민족 분쟁 등 세계 곳곳에서 일어나고 있다.

이시카와 유미

1987년 출생. 아이치 현 출신. 배우이자 운동가. 2005년 연예계 데뷔. 2017년 말 연예계에서 겪은 성폭력에 미투운동을 시작하며 화제를 모았다. 그 이후 성 평등을 목표로 활동하고 있다. 2019년 직장에서 여성만이 힐이나 펌프스를 의무적으로 착용해야 하는 것은 명백한 성차별임을 알리는 '#KuToo' 운동을 전개했고 후생노동성에지지 서명을 제출하여 세계적으로 뉴스가 되었다. 2019년 10월 영국 BBC가 선정한 세계의 영향력 있는 100인의 여성에 선출되었다. 2019년 11월 첫 저서 《#KuToo─구두로 생각한 진짜 페미니즘》을 출간하였다. '2019년 신조어·유행어 톱10'에 #KuToo가 후보에 올랐다.

목차

사회 운동의 계기가 된 '구두'

나가이   저는 분쟁지역(주로 소말리아나 예멘 등지)의 테러단
에 있다가 투항해온 사람이나 체포된 사람들의 갱생을
지원하는 일을 하고 있습니다. 테러나 분쟁을 해결하
기 위해선 흔히 가해자로 지목되는 사람들을 어떻게든
변화시킬 필요가 있는 거지요. 그러나 국제적 협력이
이루어지는 현장에서는 일반적으로 피해자인 어린아
이나 소녀에게는 쉽게 공감하는 반면에 가해자인 청년
이나 성인 남성에는 거의 공감하지 않습니다.

처음에 저는 '공감은 정동적인 것이 아니고 이성이 중
요하다', '테러리스트에게도 인권이 있다. 그것을 이성
적으로 이해하는 것이 중요하다'고 말했습니다.

반면에 최근 미국을 중심으로 전개되는 BLM 운동이나
그레타 툰베리의 FFF 운동이 바야흐로 '공감'에 의해

널리 퍼져 행동을 낳고 사회를 변화시키고 있다는 사실도 잘 알고 있습니다.

일본에서도 이시카와 씨가 시작한 #KuToo 운동으로, '여성은 직장에서 힐이나 펌프스를 신어야 한다'는 일본 사회의 인식이 점차 변화하고 있다는 것을 잘 압니다. 당신은 사람들의 '공감'을 얻는 일을 어떻게 생각하시는지 여쭙고 싶습니다.

이시카와　#KuToo 운동이 이토록 널리 전개될 수 있었던 것은 '구두이기 때문'이라고 생각합니다. 본래 저는 구두 자체에 그리 깊은 생각을 갖고 있지 않았습니다. 직장에서 여성은 힐을 신으라는 강요를 받아도 단순히 발이 아파 싫다고만 생각했습니다. 그런데 알고 보니 그런 불만은 저뿐 아니라 여성이라면 누구나 하는 경험이라는 사실을 알게 되었습니다. 그때 마침 저는 페미니즘에 눈을 뜨기도 하여 '이건 성차별 문제가 아닐까' 하는 의식을 가지게 되었습니다.

과거 그라비아 아이돌로 활약하는 동안 성폭행당한 일을 트위터에 알린 가운데 '구두' 문제에 모두가 한마음으로 불만을 터뜨렸던 것이 발단이 되었습니다. 제가 하고 싶었던 일은 아니지만 '이 문제라면 쉽게 사람들의 공감을 얻을 수 있지 않을까. 그렇다면 여기서 시작하자'고 생각했을 뿐입니다.

#KuToo 운동이 순조롭게 전개되어도 피해나 손해를

입는 사람은 없습니다. 굳이 말하면, 여성에게 힐을 신기려는 사람이겠죠. 원래 그런 것을 강제로 시킬 권리는 누구에게도 없습니다. 그것이 출산이나 낙태 같은 문제라면 '나의 일'로 생각하기 어렵습니다. #KuToo 운동을 계기로 '이건 명백한 성차별 문제'라고 자연스럽게 인식한다면 다른 성차별 문제도 순차적으로 해결할 수 있을 것이라고 생각했습니다.

나가이   초점을 어디에 맞출 것인가 하는 문제이군요. 구두가 사회 운동으로서 힘이 집중하는 포인트가 되었다는 말씀이네요. '이 사회를 바꾸자'고 생각했을 때 어디부터 시작하면 좋은지에 대한 말씀입니다. 당신이 처음부터 그 사실을 간파한 것인지는 모르지만 '구두'라서 결과적으로 핵심을 찔렀던 것이군요.

이시카와   제게 '공감을 얻었다'는 실감은 없습니다. 그저 때마침 다들 경험한 일이라서 쉽게 이해했다는 정도로, 그게 공감이라면 공감이겠지요.

나가이   만일 '여성의 권리를 지키자!', '여성의 권리를 찾자!'라고 정면에서 외쳤다면 지금까지 운동으로 널리 전개되지는 않았을 것입니다. '구두'라는 매우 영리한 시작점을 찾았기에 많은 사람이 '진짜 이해할 수 없는' 일이라며 동참한 것입니다. 그게 매우 본질적인 거죠. 저는 기회가 있을 때마다 '권리가 중요하다, 인권이 중요하다'고 계속해서 주장했는데, 그런 저의 행동이 무의미해

보였던 것은 바로 그런 점이 결여됐기 때문이 아닐까 하는 생각이 드네요.

이시카와 하지만 '인권'이라는 말이 가볍게 느껴지는 것도 문제입니다. '인권 변호사'라는 말도 이상하구요.

나가이 맞습니다. 인권 변호사가 아니라면 대체 그 변호사는 무슨 일을 한다는 건지.

이시카와 페미니즘이라는 말도 다르지 않습니다. 그 말의 쓰임새를 좀 바꿔야 할 것 같습니다. 누군가의 인권을 존중한다는 것이 다른 누군가의 인권을 짓밟는 것은 아니니까요.

나가이 그렇죠. 일례로 '누군가의 인권을 소중히 하자'는 주장에는 그 인권이 미치는 사정 범위에 자신의 권리도 들어 있습니다. 따라서 인권을 외치기에 앞서 거기에 연결된 지점을 생각해야 합니다. '영리하게'라는 말이 좀 교활하게 들릴지 모르지만요.

저는 때때로 '왜 테러리스트를 돕는가? 피해자는 무시하는 것인가?' 하는 비난을 받습니다. 그게 SNS에 쏟아지는 비난이라면 대응도 어려워 그냥 무시해버립니다. 오히려 정식으로 질의응답을 할 수 있는 곳이라면 분명히 답할 수 있을 테지만요. 그런데 당신은 트위터에 쏟아지는 비난의 화살에 정중히 반론하고 계십니다. 그 의도는 대체 무엇입니까?

이시카와 비판이나 비난 같은 게 없다면 그 운동을 하는 의미가 있을까요? 비난은 받을수록 의미가 있습니다.

여성이 어떤 목소리를 낼 때 사람들은 핵심에서 매우 벗어난 비난을 하거나 역정보를 흘리기도 합니다. 그런 것에 상대하지 않아도 된다며 내버려 두면 터무니없는 이야기―이를테면 '여자들은 있지도 않은 말을 한다', '몸매가 강조되는 옷을 입는 여자에게는 집적거려도 된다' 등―도저히 사실로 볼 수 없는 말들이 퍼집니다. 사실이 아닌 것이 마치 사실인 양 정착하고 퍼져나가는 게 여성 차별의 구조를 다시 강화시킨다고 생각합니다.

제가 일일이 반론하는 이유는 비판하는 사람이나 잘못된 정보를 흘리는 사람에게 보여주기 위해서가 아니라 그걸 지켜보는 사람에게 '이것은 사실이 아니다'라고 말해야 하기 때문입니다. 저는 기본적으로 주위 사람에 어떻게 접근할 것인지만을 생각합니다.

나가이   그렇군요, 그 같은 공방을 주의 깊게 지켜보는 사람도 있으니까요.

이시카와   저는 서른 즈음까지 별로 생각 같은 건 하지 않고 살았던 사람입니다. 다른 사람의 말, 다수의 의견을 그저 받아들였지요. 그래서 대다수 의견을 곧이곧대로 듣는 사람들의 심정을 잘 압니다. 그래서 과거 저 같은 사람을 다시는 만들지 말자는 마음도 있습니다.

나가이   저는 엄청난 비난을 받으면 '암, 그렇지 그래' 하는 마음이 듭니다. 과거에도 일일이 반박하지는 않았지만, '그게 아니라 이런 말이었다. 끝까지 제 말을 읽어달라'라거나 '완전히 오해다. 너무 비약하지 마라'며 마음속으로 그런 댓글에 시시콜콜 반응했지요. 정말이지 비난에 맞서는 건 많은 에너지가 소모되는 일이더군요.

이시카와   정말 엄청난 에너지가 소모됩니다. 그러나 여성 차별 문제에 있어서는 '분노해봤자 무슨 소용이냐'며 방치해봤자 해결되지 않기 때문에 이대로 내버려 두면 안 되겠다고 생각했을 뿐입니다. 제가 원래 무슨 말을 들으면 말대꾸를 하지 않고는 못 배기는 성격이기도 하지만 이럴 필요성이 있다고 생각했습니다.

트위터로 비판이 증폭되는 구조

나가이   트위터처럼 글자 수가 한정되어 있는 SNS는 토론하기
         에 적합하지 않습니다. 기본적으로 꼼짝없이 당할 수
         밖에 없는 공간이라고 봐야 하지 않을까요. 트위터의
         어느 부분에 가치를 두고 계십니까?

이시카와 트위터는 확장성이 있고 해시태그로 모두가 문제로 생
         각했던 바를 확인하고 공유할 수 있어 사회 운동을 하
         는 데 매우 적합합니다.

나가이   문제 제기나 공유의 장소로는 어떨까요? 왜냐하면 당
         신은 익명 뒤에 숨은 사람들에게 특히 공격받는 거 같
         아서요.

이시카와 대부분 익명의 사람들이 찾아옵니다. 현실 세계에서는
         낯선 사람에게 말을 걸 때 매우 신중하잖아요? 그런데
         SNS에서 말을 걸어오는 사람들에게는 '상대에게 이런

말을 하면 상처 줄지 모른다'는 우려나 배려심을 찾아볼 수 없습니다. 그런 사람을 존중하며 대화하는 건 꽤 어렵습니다.

나가이 　 일반적으로 '처음 뵙겠습니다'라는 인사를 시작으로 대화를 나누는 게 보통인데, 익명의 사람은 그런 예의범절은 잘라먹는 경향이 있습니다. 하지만 거기에 대고 '나는 이름을 밝혔는데 당신은 이름도 얼굴도 가리고 있는 건 공정하지 않다'고 말할 수도 없어요.

이시카와 　 그럴 수도 있지만 대화를 중단시킬 수도 있어요. '다른 사람도 지켜보고 있다'는 입장에서 '얼굴과 이름을 밝히고 말하라!'라고 요구하면 예의를 갖추고 말하는 익명의 사람들까지 상처를 받을 것입니다. 따라서 그런 요구는 해서는 안 된다고 생각합니다.

나가이 　 분명 대중이 지켜보는 가운데 주먹질과 발길질이 난무하는 폭력이 벌어지면 폭행을 당하는 사람은 몹시 분노합니다. '그렇다면 다른 문제에서 대갚음해주겠다'는 심정이 됩니다. 어쩌면 익명인지 실명인지의 문제가 아니라 오히려 '무례한지 아닌지'로 대응해야 할지도 모릅니다. 비록 익명일지라도 얼굴을 마주하고 대화를 나누듯 '안녕하세요, 처음 뵙겠습니다'라고 예의를 차리는 사람도 있으니까요.

이시카와 　 저는 익명의 사람도 어떤 심정인지 묻고 싶습니다. 특히 미투운동처럼 자신이 당했던 성폭력 경험을 버젓이 실명을 밝히고 고발하는 것은 매우 위험합니다. 실제로 페미니스트라는 사실만으로 주거지가 특정되고 실명이 밝혀져 협박을 당하기도 하니까요. 익명일 땐 그러한 위험성은 감소하니 익명성이 나쁘기만 한 것은 아닙니다.

나가이 거꾸로 얼굴과 이름을 공표하고 공공장소에서 발언한다고 해도 무례한 태도로 시비를 걸어오는 사람들도 얼마든지 있고요.

덧붙여, 당신이 트위터에서 사회 운동을 시작하고 나서 트위터 환경이 달라진 것 같나요? 아니면, 당시와 전혀 다르지 않나요? 혹, 더 나빠졌나요?

이시카와 2019년부터 #KuToo로 성차별 반대운동을 시작했는데, 예전부터 '2채널'의 안티 페미니스트들의 글을 모아서 비웃는 '정리 사이트'가 있습니다. 그 사이트 운영진은 거기에 광고를 붙여 수익을 올리고 있습니다. 최근 알게 된 사실은 그 정리 사이트에서 저의 존재나 발언을 알고서 일부러 제 트위터에 불만을 말하러 오는 것 같습니다. 그러니 트위터 환경이 요 2년간 나빠졌다기보다 그저 제가 타깃이 되었을 뿐입니다. 정리 사이트의 운영진이 제 트위터에 댓글을 달러 방문하는 건 또 다른 얘기입니다.

나가이 무서운 일이군요.

이시카와 그런 식으로 돈 버는 사람, 그 사람들에 속아 행동하는

사람이 있지요. 하지만 가장 본질에 있는 것은 무의식
적으로 변하는 게 두렵다고 느끼는 사람이 꽤 있다는
사실입니다. 여성 차별의 문제가 해결되면 이제껏 남
성이라는 이유만으로 우위에 있던 사람은 두려움을 느
낄 것입니다. 그걸 막으려고 애쓰고 있는 게 아닐까요.

나가이   젠더 문제의 당사자는 우리 자신일 수 있기에, 내가 위
협받는다고 느끼는 거지요.

의미 없는 비난에 익숙해지지 말 것

나가이　당신이 세상에 보내는 메시지는 남자인 제가 봐도 당
연한 것인데, 여성 중에 당신의 메시지에 반발하는 사
람이 있습니까?

이시카와　그럼요, 많습니다. 이를테면 '나는 힐이 좋다!'라고 말
하는 거예요. #KuToo의 서명 페이지에는 '힐이나 펌
프스가 좋은 사람은 계속 신을 권리를'이라는 글도 올
라와 있는데 아마도 원글을 읽지 않았거나 읽었어도
좋을 대로 이해했을 것입니다.

　　　　남성중심사회에 맞추지 않고서는 여성으로서 살아남
지 못하는 부분도 있습니다. 그래서 그들은 '여성의 권
리'를 주장하는 사람은 '피해자 코스프레'를 하는 거라
고 생각합니다. 게다가 지금껏 페미니스트의 이미지는
나쁘게 조작되었기 때문에 혹여나 자신을 나쁘게 볼까

봐 반발하기도 합니다. 저 역시도 여자라서 그렇게 생각할 수밖에 없던 상황이 있었습니다. 단, 여성은 그런 상황에 놓일 가능성이 매우 높아 스스로 인식하지 못하기도 합니다.

그러나 불현듯 '이것도 여성 차별이었구나', '그때 이시카와가 말한 게 이거였구나' 하고 깨달았다는 글도 때때로 올라옵니다. 사람에게는 저마다 각각의 타이밍이 있는 거 같아요.

나가이　그런 일이 남성에게 일어나기도 할까요? 젠더 의식에 대한 공부가 부족하여 실례했거나 자각하지 못하고 거친 말을 했다면 미안합니다.

이시카와　트위터에 비판적인 댓글을 올린 사람에게 반론의 글을 보냈을 때 '나중에 곰곰이 생각해보니 비로소 무슨 의미인지 이해했다'고 말하는 사람도 때때로 있습니다.

하지만 저는 그런 변화를 목표로 하지 않습니다. 결국 그런 사람은 사회의 변화에 따라 사고방식을 바꾸는 거니까요.

그들은 처음에는 제 말을 귀 기울여 듣지 않습니다. 그나마 '한번 들어보자'라는 마음가짐으로 바뀐 점은 고마울 따름입니다. 그건 그 사람이 그런 변화의 시점에 놓였기 때문입니다. 문제에 대해 거의 생각하지 않던 사람이 어떤 계기로 자신의 생각을 가지게 되는 거지요. 저는 그 부분이 중요하다고 생각합니다.

나가이 예전에 하루나 후카春名風花 씨에게 들은 적이 있는데, 하루나 씨는 자신에게 비판적인 댓글을 올리는 사람의 심리에 '별 관심이 없다'고 말씀하셨습니다. 그들은 트위터의 다른 글은 읽어보지도 않고 말꼬리를 잡는 식의 반응을 보일 뿐이라고요. 저 역시도 그렇게 생각합니다. '비판하는 건 좋은데 진심으로 건설적인 비판을 하고 싶은 거야?' 하고 되묻고 싶을 때가 한두 번이 아닙니다. 특히 익명성을 이용해 조회수를 높여 큰소리를 내는 사람도 많습니다. '소리칠 거라면 공공장소가 아닌 혼자 노래방에 가라, 다른 사람은 끌어들이지 마'라고 말해주고 싶습니다.

그러나 하루나 씨는 그 옥신각신 주고받는 언쟁을 계기로 문제에 관심을 가지게 한다고 말합니다. 어떤 의미에서 강심장을 가지고 계신 거죠. 지금 당신의 이야기와 일맥상통하는 부분이 있네요.

이시카와 제 SNS를 자주 방문하는 사람은 하루에 몇십 번이나 댓글을 남기는데 그걸 보면 중독된 듯 보이기도 합니다. 제가 트위터에 메시지를 남길 때마다 반응하듯 댓글을 남기는데, 요컨대 제가 무슨 말을 하는지 감시하고 있는 거죠. 그러나 워낙 많은 댓글이 달려 미처 거기에 답글을 올리지 못하는 것도 많습니다.

나가이 그건 라디오 방송에 엽서를 보내는 거랑 비슷하네요? 저도 라디오에 투고하여 딱 한 번 방송을 탄 적이 있습니다. 그날 말로 할 수 없을 만큼 너무 기뻤지요. 어쩌면 그런 사람에게 당신과 메시지를 주고받는 것이 어떤 의미에서는 삶의 보람일지도 모르겠어요.

이시카와   하하. 제 정신이 괜찮다면 그것도 좋겠네요.

나가이   맞아요. 하지만 24시간 내내 그런 강심장을 가질 수 있는 사람은 아무도 없습니다. 그리고 그런 상황에 익숙해지는 것도 이상하고요. 어떻게 관계를 만들어갈지 참 어려운 일이네요.

이시카와   맞는 말씀입니다. 상처받는 일에 무감해지는 건 참으로 위험합니다. 더욱이 당신을 상처주는 말이 의미 없는 비난이라면요.

토론은 정말 필요할까?

나가이 이런 얘기를 하면 '토론하는 게 중요하다'는 말이 틀림
       없이 나오기 마련입니다. 그런데 대체 어디서 토론하
       자는 걸까요? 설마 SNS에서 토론하자는 것일까요?

이시카와 그럴 수도 있죠. SNS뿐 아니라 텔레비전이나 인터넷
        의 토론 프로그램도 결국 토론의 전제가 공유되지 못
        한 채로 진행됩니다. 패널 중에는 처음부터 싸울 작정
        으로 토론하는 사람도 적지 않은데, 그렇게 되면 대화
        가 될 리 없지요.
        사람들은 제가 화내기라도 하면 '신경질적'이라며 폄하
        합니다. 이것도 여성 차별적인 말일 것입니다. 그래서
        저는 웬만해서는 화내지 않습니다. 저는 화내면 안 되
        는데 어째서 남자인 당신은 그토록 신경질적으로 화내
        도 괜찮은 건가요? 뭐 이런 식이 되어버립니다. 하지만

제가 화내지 않으면 '이시카와가 논리에서 이겼다'는 반응을 보입니다.

진짜 토론 같은 게 필요할까요? '토론하자'고 말하는 사람은 '상대의 장점을 찾아보자'가 아니라 무의식적으로 자신의 의견에 맞추라는 태도를 보이는 경우가 많습니다.

나가이 토론해도 판정하는 사람이 없습니다. 정론이라는 것을 누가 판단하죠. 판정이 아니라 서로를 이해하는 토론의 장이 되는 게 유의미한 일이지만 바로 그게 어렵죠.

이시카와 결국 그 사람이 판단하는 정론이니 정론이라는 말에 무슨 의미가 있을지 의문입니다. 먼저 말한 사람이 이기는 거죠. 그러나 대개의 사람은 그런 토론의 장에서 이야기를 나누는 모습을 보고 싶어 합니다. 즉 수요가 있는 거죠.

나가이 토론 프로그램은 얼핏 '토론의 장'으로 설정되어 있지만, 단순히 구경거리일 뿐입니다. 깊은 토론은 이뤄지지 않습니다. 아니, 그저 각자 자신이 하고 싶은 말을 떠들어대는 방송은 재미는 있겠지만, 그 안에서 가치라는 걸 찾아볼 수는 없습니다.

미국의 사회심리학자 조너선 하이트Jonathan Haidt가 쓴 《바른 마음: 나의 옳음과 그들의 옳음은 왜 다른가》라는 흥미로운 책에서는 '자유는 늘 옳은 말을 하는데 왜 지는지'를 분석하고 있습니다. 예컨대 좌파와 우파가 아무리 논리적으로 정론을 말해도 각각 중요하게 여기는 요소가 다르기 때문에 '당신이 중요하게 여기는 관점에서는 그럴지 모르지만 내가 중요하게 여기는 관점에서는 전혀 그렇지 않다'는 식이 되어버립니다. 토론의 장을 만들어 '내가 논리적으로 옳으니 내가 이겼다'고 겨뤄도 큰 의미는 없습니다. 그렇게 보면 정말로 어디까지 토론이나 대화가 필요한지를 검토해야 합니다. 어디까지, 어떻게 토론할지 말이지요.

이시카와 말이 통하지 않는다는 건 그런 거지요. 지금 저는 당신과 이렇듯 대화를 나누지만 토론 프로그램이나 트위터에서는 전혀 대화가 통하지 않습니다. 따라서 토론할 것이라면 '지금 무엇이 문제이고, 그 문제를 해결하기 위해서는 어떻게 하고 무엇을 생각해야 하는지'를 목적하고 토론이 이뤄져야만 합니다.

나가이 저는 테러단에서 도망쳐 나온 사람들이 무사히 사회에 복귀할 수 있도록 사회의 다양한 분야의 사람들과 대화를 나누는데, 그것이 저의 사명이라고 생각합니다. 예전에 어떤 분이 "아무것도 모르는 아시아인이 무슨 자격으로 용서를 말하는가. 듣기 좋은 말만 하는 거 아니냐"고 말해서 정말 화가 났습니다. 하지만 전혀 틀린 말도 아니지요. '화해가 중요하다'거나 '평화 구축이 중요하다'며 정론을 늘어놓은 꼴이니 얼마나 어리석고 얕았는지 자신을 돌아보지 않을 수 없었습니다.

이시카와 반대 의견을 듣거나 강한 비난을 받고 있을 때는 분명 귀 기울여야 하는 것도 많습니다. 그것이 터무니없는 의견인지 아닌지를 판단하는 것 역시 결국엔 자신입니다. 당신의 경우 죽느냐 사느냐 하는 생존과 직결된 문제이기도 하니까요.

나가이 현재 지구상에는 78억 명의 사람들이 살고 있는데 그중에서 어디까지를 대상으로 토론하면 될까요? 예컨대, 성 정체성에 대하여 생각할 때, 여러 입장의 사람들 중 대표자로서 각각 한두 명을 부른다고 가정해볼게요. 그런데 과연 그들이 진짜 대표자라고 말할 수 있을까요? 그런 점을 생각하면 어떻게 토론하는 것이 적절한지 참 어렵습니다.

이시카와 저도 '대표자' 문제로 자주 불쾌감을 느낍니다. 제가 토론장에 초청받아 나가는 것만으로 '페미니스트를 대표하는 사람'으로 소개되기도 하는데 그럴 때 '멋대로 여성 대표자랍시고 행동하지 마라'며 화내는 사람도 있습니다. 저는 여성을 대표한다고는 눈곱만큼도 생각하지 않을뿐더러 항상 주의를 기울여 '여성은……'이 아닌 '저는……'이라고 말해왔습니다. 하지만 제가 아무리 조심한다 해도 사람들은 마음대로 저를 여성 대표자로 보곤 합니다.

나가이 저는 곧 서른이 되고 이 활동을 시작한 지 그럭저럭 10년이 되어가고 있습니다. 그런데 언론에서는 여전히 저를 '젊은 활동가'로 소개합니다. 전문가로 봐주지 않는 거죠. 이 미개척 분야를 진지하게 개척해가고 있는데 여전히 저를 애송이로 취급합니다. 대체 어디까지 가야 어엿한 전문가로 인정받을 수 있을까요?

이시카와 그것이 '당신의 책임'이라고 말하는 사람도 많을 테지만, 그렇지는 않습니다. 자기만 조심한다고 해결되는 문제는 아니거든요. 본디 사람을 일괄하여 보는 것 자체가 차별입니다. 따라서 저는 '보는 사람이 의식을 바꿔야 한다'고 끊임없이 주장해왔습니다.

나가이 접근 방법에 대한 문제도 중요하지만, 받아들이는 사람도 시점을 바꿔야 한다고 요구해야 합니다.

페미니즘과 BLM 운동이 중요한 이유

나가이　저는 앞으로 10년 안에 지금 테러단에 가담한 젊은 사
　　　　람들에 대한 지원과 보호가 당연하다는 인식을 국제조
　　　　약으로 만들어 실현하려고 합니다. 하지만 아마도 세
　　　　상은 '그건 아니다. 전쟁을 일으키는 자들은 죽여도 불
　　　　평하지 않을 것'이라고 말하겠지요. 쉽게 상상할 수 있
　　　　습니다. 그렇다고 해도 사회는 젊은 세대를 적절히 보
　　　　살펴야 합니다. 그들은 이 세계를 더 나은 것으로 창조
　　　　해갈 주체이니까요. 이때 말하는 젊은 세대란 15~35세
　　　　사이를 말하는데, 테러단이나 무장세력에는 몇 명의
　　　　젊은이들이 있을까요.

이시카와　애당초 그들이 왜 테러단에 들어갔는지를 생각하지 않
　　　　는 사람이 많다는 건가요?

나가이　그들이 어떤 사정에 처해 있는지 모르는 사람이 많습

니다. 예컨대 소말리아 중 테러단의 지배 아래에 있는 지역이라면 그곳 사람들은 처음부터 그들을 거부할 권리 따윈 없습니다. 그러니 꼼짝없이 테러단에 들어갈 수밖에 없는 거죠. 총구를 눈앞에 들이밀며 '들어와. 따르지 않으면 죽인다'고 위협하는 세상이니까요. 그렇게 단체의 일원이 된 사람에게 제가 무슨 말을 해야 할까요? 어떤 말을 할 수 있을까요?

이시카와 그걸 알면 '저 사람은 나쁘다'는 말은 절대 할 수 없겠군요. 오히려 '그렇다면 이대로 둬서는 안 된다'고 말하겠지요.

나가이 역시 중요한 것은 '사회 문제와 구조적 문제'라는 메시지를 전면에 내세우는 거군요. 젠더 문제라면 누구든 신경 쓰는 부분이 있습니다. '나만의 이야기가 아니라 우리 사회가 안고 있는 문제이기도 하다'는 걸 말하는 거지요. 그러나 '우리 사회가 안고 있는 문제'라는 말은 이성적일지언정 전면에 내세울수록 구심력을 잃지요.

이시카와 맞습니다. 그런데 제가 사회의 구조적인 문제라고 끊임없이 주장해도 '당신의 개인적인 생각일 뿐'이라는 식으로 받아들입니다. '당신은 남자가 싫은가 보군요'라고 생각하기도 하고요. 제발 그러지 말아줬으면 해요.

나가이 그 점도 분명 받아들이는 사람이 변해야 할 부분입니다. 단, 사회를 변화시키려는 운동이나 행동에는 많은 사람을 끌어들여야 합니다. 그때 '싫다'고 말하는 사람들을 얼마만큼 끌어들이느냐가 관건입니다. 만일 그렇지 않다면 '그들에게 우리는 어떤 태도로 무슨 말을 할 수 있는지'를 생각해야 합니다.

이시카와　저는 반대의견을 가진 사람을 굳이 설득하여 참여시킬 필요는 없다고 생각합니다. 이미 반대하는 시점에 문제에 깊이 들어와 있는 거니까요.

나가이　맞는 말씀입니다. 당신이 힘을 쏟는 여성 차별 문제도 BLM도 그렇지만 성 인식이나 인종, 종교에 관한 얘기는 멋대로 당사자로 만드는 부분이 없지 않으니까요.

많은 여성이 '여성은 가만히 있어야 한다'거나 '여자는 감정적'이라는 말을 들으면 깜짝 놀라듯 '남자는 이래야 한다'고 말하면 남성 역시 놀라기는 마찬가지죠.

역사적으로 사회적 구조 가장 위에 백인이, 그 아래 학대받는 흑인이 존재했습니다. 그런데 런던에 있는 동안 저는 아시아인에 대한 차별을 절실히 느꼈습니다. 그래서 'BLM!'이라는 말을 들었을 때 '황인종은 괜찮아?'라는 의문이 문득 들었습니다. 그런 얘기가 아니라는 걸 잘 알면서도 말이죠.

성 인식 문제라면 기본적으로 남성이 우위에 있고 여성이 학대받는다고 생각합니다. 그러나 남성 중에도 이를테면 '추루한 무일푼의 중년 남자'는 여성보다 하위에 있습니다. 그래서 '여성보다 약한 남성은 어떻게 되는 거냐!'라는 말도 나오는 거죠.

이시카와   그 말을 들으니 여성도 다르지 않다는 생각이 드네요. 추루하고 돈 없는 여성은 무시당하는 부분이 있거든요. 원래 저는 차별 문제와 '인기'는 별개의 이야기라고 생각합니다. 인터넷상에서는 '섹스할 권리가 있으므로 인기 없는 남자에게 여자를 할당해야 한다'는 의견도 있는데, '섹스할 권리' 같은 게 있는 걸까요? 나이 많은 어떤 남성이 기분 나쁜 시선으로 본다면 언감생심 섹스 같은 건 생각지도 않죠. 즉 누군가를 억지로 성적인 대상으로 삼으면 그 사람의 인권을 빼앗는 것입니다. '약자인 남성'을 이야기할 때 비슷한 환경에 있는 여성은 일방적으로 무시하는 거죠. 거기에는 '여성에겐 성욕이 없다'는 식의 이야기가 널리 퍼진 탓도 있습니다. 이건 여성 차별의 부산물이지요. 여성에게 '여성성'을 강요하지 않는다면 남성에게 강요되는 '남성성'도 필요 없게 됩니다. 여성이 경제활동으로 돈을 벌면 '남성은 돈을 벌어야 남자'라는 압박감도 사라집니다. 그렇게 되었을 때 '추루하고 돈 없는 중년 남자'는 가치 없다는 관념도 달라질 것입니다. 따라서 모든 것이 서로 연결되어 있다고 생각합니다.

오히려 '가장 먼저 추루하고 인기 없는 남성을 구원해야 한다'는 방식으로 문제를 풀려고 하면 여성 차별에 대한 새로운 문제가 야기됩니다. 그러므로 저는 지금의 방향으로 계속 나아가는 게 맞다고 생각합니다. '내버려 두는' 것과는 좀 다른 얘기입니다.

나가이　저의 생각도 같습니다. 앞서 말씀드린 대로 BLM이 한 창일 때 '백인의 생명도 소중하다!White Lives Matter' 라는 리액션에 '그렇다면 황인은?' 하는 의문이 불쑥 들더군요. 이런 식으로 간다면 결국 '인간의 생명은 소중하다Human Beings Lives Matter'라는 이야기가 되어 버리겠죠. 이렇듯 대상이 점차 확대되면 처음 BLM의 호소력은 사라집니다. 제가 '권리, 즉 인권이 중요하다!'고 부르짖어도 공회전만 하는 사태처럼 말이지요. BLM을 소리 높여 주장할수록 대립이 강해지는 것도 사실이니까요.

이시카와　여성 차별 문제를 다룰 때 '굳이 여성의 인권에 대하여 말하지 말고 모든 이들의 인권의 중요성을 말하면 좋지 않은가'라고 지적하는 사람도 있습니다. 하지만 '모든 사람의 인권이 중요하다'고 말하면 본래 있던 '여성이 차별받고 있다'는 사실 자체가 홀연히 사라지고 말아요. '여성의 인권이 중요하다'는 것이 곧 모든 사람의 인권을 무시하는 것도 아니고요.

인종 차별 문제에서 흑인과 마찬가지로 황인도 분명 차별당합니다. 하지만 역사적인 경위도 있어서 차별당하는 방식은 같지 않습니다. 따라서 '블랙'이라고 말하지 않을 수 없는 거죠. 물론 '옐로우'라고 말해야 할 때도 있는 것이고요.

젠더 문제에 관해 지금은 인터넷상에서 트랜스젠더에 대한 차별이 매우 극심합니다. 저는 지금껏 트랜스젠더가 겪는 고통이나 어려움에 대해 전혀 알지 못했기 때문에, 무의식중에 그들을 향한 억압에 가담한 부분도 없지 않으리라 생각합니다. 그래서 그녀들은 '페미니스트는 트랜스젠더를 차별하지 않는가'라고 묻는 것이겠지요. 제가 극구 부인해도요.

이 문제는 결코 개인의 문제가 아닙니다. '나도 다른 누군가를 차별하고 있다'는 사실에서 결코 자유로울 수 없습니다.

나가이   그 점이 이율배반적입니다. 사실 모든 것이 서로 연결되어 있는데도 말이죠. 간단히 답할 수 없는 문제이지만 어떤 것을 강하게 말할 때 구태여 '블랙'이나 '여성'을 말하고 있다는 걸 애써 자각해야 합니다.

오늘 많은 말씀을 나눴는데 당신은 정말 여러 생각을 염두에 두고 활동하고 계시네요. 훌륭하지만 그런 점을 봐주는 일반인은 많지 않을 것 같아요. 그러므로 반성하는 마음을 담아 '어떻게 하면 좋은지'에 대해 생각해보는 게 좋을 것 같다는 생각이 듭니다.

이시카와   저도 여러 생각을 해봤는데, 그것을 이해시킬 방도가 없더라고요. '이 정도는 생각하세요!'라고 말하는 것 자체가 아무래도 강요 같아서요. 그래서 상대가 생각하는 대로 내버려 두는 수밖에 없다고 결론을 내렸습니다. 그럼에도 다행히 이해해주면 좋고요.

그러나 저는 원래 '공감' 같은 건 애당초 필요하지 않다고 생각합니다. 트위터에서는 남성들이 '좀 더 공감할 수 있는 의견을 달라!'고 요구하는데, 만일 그들이 공감한다고 해도 여성 차별이라는 문제가 해결되는 것은 아닙니다. 솔직히 말해 '공감'이라는 말이 싫습니다.

나가이   #KuToo 운동은 결과적으로 여성에게 엄청난 공감을 얻었지만 '공감' 그 자체를 목적으로 했다면 이토록 널리 전개되지는 않았을 거라는 말씀이죠?

이시카와   네. 어디까지나 피부로 느끼기에 그렇습니다. 공감을 목적으로 했다면 아마 #KuToo 운동은 널리 전개되지 않았을 것입니다. '남성의 공감'을 염두에 뒀다면 '이건 여성 차별의 문제'라고 말하지 못했을 거예요. 처음에 '여성 차별 문제'라는 말을 듣자마자 '아, 그럼 그만할게요'라며 발 빼는 사람도 많을 테니까요.

이 문제를 '여성 차별의 문제'로 다루는 게 저의 본래 목적이었습니다. 그런데 '여성 차별 문제와는 무관하다고 생각했는데 알고 보니 바로 그 문제임을 깨달았다'라는 사람들의 반응을 보고 역시 공감에 호소하지 않기를 잘했다고 생각했습니다.

나가이   매우 공부가 됐습니다.

이시카와   저도요. 다소 가볍게 말씀드린 거 같지만, 본래 차별의 문제는 목숨과 직결된 중요한 문제로, 그 점을 분명히 염두에 두고 이 활동을 시작했습니다. 당신과 이야기를 나누면서 그 잊었던 사실을 다시금 떠올릴 수 있었습니다.

나가이 　저도 여성 차별의 문제가 사회를 바꾸는 데 있어 매우 중요한 부분 중 하나라는 사실을 간과하고 있었다는 사실을 깨달았습니다. 오늘 정말 감사했습니다.

4장
전략적 대화가 이끄는
올바른 공감의 방향

이해를 목적에 둔 전략적 대화

분쟁지역에서의 경험을 토대로 공감과 어떤 관계를 맺어야 하는지 생각해본 3장과 달리 이번 장에서는 이해하기 어려운 상대와 어떻게 관계를 형성해야 하는지, 그 구체적인 방법을 이야기해보고자 한다.

앞에서 소개한 여러 사례들처럼, 무력 분쟁을 해결하기 위해서는 분쟁 당사자 간에 화합 과정을 밟아가는 것이 중요하다.

일방적 승리(제2차 세계대전을 떠올려보면 이해하기 쉬울 것이다)나 대립은 분쟁 강도를 낮추며 전쟁이나 무력 분쟁을 끝내는 변함없는 방법이지만, 그보다 대화로 해결하기 위해 노력해야 한다. 대화를 통해 하나가 되는 것이 더 본질적인 분쟁 해결법이며 이는 후에 평화 구축으로 이어진다. 그만큼 대화가 중요하다.

그러나 그런 화합을 위한 프로세스는 어느 날 갑자기 만들어지는 것이 아니다. 그 전에 실제로 여러 준비가 되어 있어야 한다.

또 본래 대화가 되지 않는 상대에게는 평화 합의는커녕 평화 프로세스조차 실현하기 어렵다. 그런 어려운 분쟁이 근세 세계적 문제가 되었다.

알기 쉬운 사례로 시리아와 이라크를 거점으로 하는 이슬람국ISIL이나 알카이다, 알샤파브나 보코 하람 등등 소위 현대적 이슬람주의 과격 테러단을 들 수 있다. 그들에게 대화가 중요하니 대화하자고 말해도 소용없다. 그들은 대화하지 않기 때문이다. 이것이 지금 우리가 사는 세계가 처한 현실이다.

오늘날 우리는 그런 단체나 사람들과의 분쟁을 해결할 수 있는 명확한 방법론을 갖고 있지 않다. 당사국 정부와 반정부 세력에 의한 고전적인 내전이라면 평화협정을 목표로 권력을 공유한 임시정부를 설립하고, 여러 파트너의 지지를 받으며 부흥으로 나아간다는 어느 정도의 확립된 분쟁 해결

프로세스가 존재한다. 하지만 그렇지 않은 상대라면 분쟁을 해결할 방법이 없다.

그런 어려운 분쟁을 해결하기 위해 실무자들은 지금껏 수많은 시행착오를 겪었고 그 결과로서 전략적 대화Strategic Dialogue라는 방법을 도입해볼 가치가 있음을 깨닫게 되었다.

원래는 중개나 조정에 능한 스위스나 북미 여러 국가의 전문가들에 의해 평화 프로세스에 돌입하기 전 단계는 물론 한창 진행되고 있을 때를 의식하여 구축하는 수법으로, 간단히 말해 '이해를 목적으로 하는 전략적인 대화'라고 말할 수 있다.

기본적으로는 평화 프로세스의 형성을 검토할 때 의식적으로 사용하는데, 고전적인 분쟁이나 분쟁 후 평화 구축이나 화합 촉진의 대처에도 적절히 응용되고 있다. 또한 앞서 말했듯 대화가 통하지 않는 테러단을 상대할 때도 적절하게 활용된다.

협상과 중재의 차이점

대화를 거부하는 사람이나 이론적 태도로는 대화가 되지 않는 사람도 나름의 생각과 상대에게 전하고 싶은 의견을 갖고 있다. 그들이 갖고 있는 문제 의식에 무심코 개입하면 상황은 악화될 것이다. 따라서 '그들이 실제 말하고 싶은 것은 무엇인가'를 이해할 목적으로 전략적 대화를 펼쳐간다. 그리고 거기서 얻은 명확한 이해를 토대로 다시금 문제의 해결책을 생각해간다.

전략적 대화와 별개로 협상Negotiation이나 중재Mediation라는 방법이 있는데 이 둘은 다르다.

전략적 대화는 신뢰를 키우고 대화를 통해 상호를 이해

하며 올바른 문제 해결로 이어지는 긍정적인 결과를 가져오는 것을 목적으로 한다.

전략적 대화와 비교했을 때 협상은 상호의존적인 의사 결정 프로세스로, 합의 등의 결정을 끌어내는 것을 목적으로 한다.

예컨대 A와 B가 협상 중이라면 최종적으로는 A와 B 간에 합의가 이뤄진다. 기본적으로 '상대와 대화할 수 있는' 것이 전제조건이고, 전략적 대화가 더 앞선 단계에 있다.

중재는 이른바 '조력자가 있는 협상'이다. 제3자인 중재자가 자리를 차지하고 앉아서 A와 B의 대화나 논쟁을 부추기는 것이다.

그렇기는 해도 어디까지나 결정은 당사자에게 맡긴다. 이것은 평화 프로세스 자체라고도 할 수 있다. 대개 평화 프로세스에는 어떤 중재자가 존재하고, 대개 단수보다 복수이다. 예컨대 남미의 콜롬비아에서 반세기 넘게 이어지는 내전에서는 2016년 반정부조직 콜롬비아 혁명군과 정부와의 역사적인 평화 합의가 이뤄졌다. 그 평화 합의에 대한 평화 프로세스에는 쿠바와 노르웨이에 더하여 칠레나 베네수엘라도 그 중재를 위해 온 힘을 기울였다.

단, 협상과 중재의 기본 조건은 상대와 나름의 공통 이해를 갖고 서로 지향하는 방향성에 대해 이성적으로 대화할 수 있어야 한다는 것이다. 거꾸로 말하면, 이들 조건에 부합하지 않는 상대라면 제대로 기능하지 못해 사용할 수 없다. 따라서 협상 노하우에 대한 책을 아무리 탐독해도 앞서 말했듯 테러리스트와는 십중팔구 협상이 이뤄질 수 없다(만일 대화가 가능하다면 테러단과의 분쟁은 줄어들 것이다).

또한 전략적 대화, 협상, 중재가 이뤄짐에 따라 대상자는 프로세스, 내용, 해결책에 대하여 제어력을 잃는다. 이것은 전략적 대화가 깊은 이해를 목적으로 하고 해결책을 목적으로 하지 않기 때문이다.

협상과 중재의 차이

○ 협상

상호의존적인 의사결정 프로세스에서 합의 등의 결정을 끌어
내는 것을 목적으로 한다.

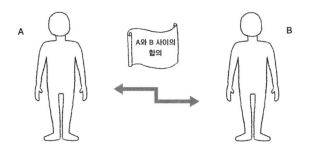

○ 중재

'조력자가 있는 협상'이라고 한다. 제3자가 중재하지만, 결정
은 당사자가 한다.

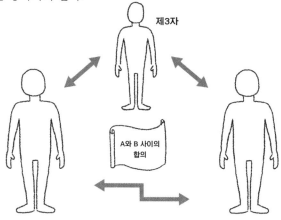

성공적인 전략적 대화에 필요한 네 가지 지식

전략적 대화를 통해 성공에 이르기 위해서는 크게 네 가지 지식이 필요하다.

첫째, 앞에서 말한 대로 전략적 대화의 기본적인 목적은 상대를 이해하는 데 있다. 따라서 상대의 무엇을 어느 정도 이해하는지가 중요하다.

그저 대화를 나눈다고 되는 게 아니다. '목적'이 있어야 한다. 그래서 '전략적'이라는 말이 붙는다. 그 목적에 따라 무엇을 얼마만큼 이해할지 이해의 목표를 설정한다. 눈에 보이는 문제는 빙산의 일각에 불과할 때도 종종 있어서 그런 점은 먼저 주의해야 한다.

그런데 우리는 '대화가 중요하다'는 사실을 상식으로 여겨 막연하게 대화를 나눈다. 물론 대화하는 것만으로도 의미는 있지만, 전략적 대화가 깊은 이해를 목적으로 한다면 구체적인 목표 설정은 성공에 이르는 중대한 조건이다.

둘째, 상대와 동일한 차원의 것을 사고하고 발언한다. 우리는 때때로 상대와 다른 차원의 것에 대해 사고하고 발언한다. 이 부분은 심리적 요소가 강한 분쟁해결학이나 코칭의 세계에서도 흔히 다루는 것으로, 과정지향 심리학 Process Oriented Psychology의 창시자 아널드 민델Arnold Mindell 의 '세 가지 현실 모델'이라는 프레임이 널리 알려져 있다.

이렇듯 서로 생각하는 차원이 어긋나는 데서 발생하는 몰이해나 대립은 일상생활은 물론 소그룹 사이 오가는 대화에서도 일어난다.

예컨대 피난민의 귀환 문제를 주민 대표자들과 이야기 할 때 그 일로 초래될 수 있는 일자리 다툼이나 치안 악화, 보상이나 주민을 둘러싼 다툼 같은 문제를 상상하고 그런 위험을 필사적으로 주장하는 사람이 있다. 그럴 때 구체적인 해결책을 하나씩 꺼내놓는다고 해도 실제로는 별반 해결되지 않는다. 그 시점에 나누는 이야기의 차원이 다르기 때문이다.

이때 필요한 것은 주민 대표자들이 가진 불안과 마주하는 것이다. 그것을 제쳐두고는 해결책이라는 합의적 현실을 갑작스럽게 제시해도 이해가 진척되지 않는다.

셋째, 이해에 깊이를 더할 때 긴장이나 대립이 고조된다. 흥미롭게도 이해가 더욱 깊어질 때 가장 골치 아픈 국면을 맞이하게 된다.

분쟁과 평화 구축을 전문으로 중재해온 경험이 풍부한 노버트 로퍼스Norbert Ropers의 그래프를 보면, 긴장이나 대립이 고조되는 것은 일반적으로 나빠지고 있는 것처럼 보이지만 실제로는 오히려 성공으로 향해 나아갈 타이밍이라는 것을 알 수 있다. 그럴 리 없다고 생각할지 모른다. 하지만 자신이 깊이 이해하려는 상대의 본질적인 부분이라는 것은 100퍼센트 유쾌하기만 한 것은 아니다. 오히려 뜨끔하게 만드는 것이기도 하다.

테러리스트들과 이런 대화를 일상적으로 나눌 때마다 '나의 동지를 죽였으니 앙갚음으로 죽여야 한다. 그것은 나의 종교가 말하는 의무이기도 하다'는 진지한 소리와 마주하게 된다. 그 의견에 '당신은 세뇌당했다. 가여울 따름'이라며 무시하는 건 간단하다. 하지만 그들을 깊이 이해하기 위해서는 오히려 그들의 의견에 진지하게 귀 기울여 듣고 대화하는 게 중요하다. 그때 팽팽한 긴장감, 때로는 움찔하게 만드는 오싹한 공기가 감돌기도 한다. 그러나 그것만이 이해가 깊어지고 있다는 증거다.

넷째, 특히 교섭의 뉘앙스가 있는 전략적 대화의 경우에 그 타이밍이 무르익는 것이 중요하다.

이론적으로 '상호 받아들이기 어려운, 도무지 손쓸 수 없는 상태'에 있고 각자가 비용 대비 효율을 참작하여 상황이 지금보다 더 나빠져서는 안 된다고 생각할 때가 '타이밍이 무르익었다'고 할 수 있다. 서로 '이대로는 도무지 방법이 없다'는 절박감을 느낄 때가 절호의 시기인 것이다. 단, 그 상태가 각자에게 어떤 기회를 가져올 것인지는 당사자들의 의식에 달렸다는 사실을 잊어서는 안 된다. 타이밍이 좋다고 다 잘 되는 것은 아니다.

이해가 깊어질수록 도리어 높아지는 긴장과 대립

따라서 이해의 과정에 전략적 대화를 활용한다. 오히려 긴장
이나 대립이 높아지는 것은 성공으로 나아가기 위한 시기이기
도 하다.

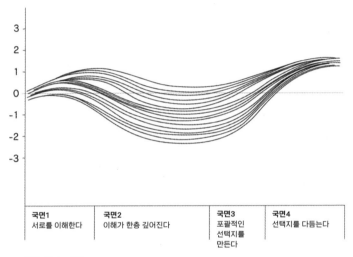

출전: Norbert Ropers

전략적 대화의 네 가지 테크닉

이런 지식을 토대로 전략적 대화를 할 때 활용할 수 있는 미
시적 테크닉이 있다. 이것은 통일된 테크닉은 아니지만, 실
무에서 전략적 대화를 사용해 이해를 촉진시킬 때 유익하
다. 나 역시 분쟁지역에서 전략적 대화를 나눌 때 이 테크
닉을 의식하고 있는데, 이는 크게 네 가지로 액티브 리스닝
Active Listening, 루핑Looping, 리프레이밍Reframing, 퀘스처닝
Questioning이다.

◯ 액티브 리스닝Active Listening
상대를 인정하고 신뢰와 경의를 쌓아가는 동시에 상대

의 감정과 그 배경을 파악하는 행위다. 액티브 리스닝 자체는 여러 분야에서 사용되고 있는데 전략적 대화에서도 활용된다.

우리는 상대를 무작정 이해하기 위해서가 아니라 반응하기 위해 듣는다. 하지만 이래서는 이해에 깊이를 더할 수 없다. 모든 흥미와 관심이 상대를 향하고 상대가 이야기하는 동안 어떤 반응을 하면 좋을지를 생각하지 말고, 상대를 이해하기 위해 의식적으로 듣는 행위를 해야 한다.

그때 상대의 이야기를 들으면서 상대의 입장에 서보거나 상대가 이야기할 자리를 마련해주면서 몸짓이나 표정이라는 비언어적 커뮤니케이션도 의식하는 것이 중요하다. 이를 통해 상대가 어떤 감정을 갖고 있으며 무엇이 핵심 주제인지를 특정한다.

○ 루핑Looping

이것은 상대의 말을 되물어 자신이 이해한 것을 확인하는 행위다. 우리는 때때로 자기 멋대로 상대를 이해해 헤아리는 경향이 있고, 이때 발생한 어긋난 이해가 엄청난 대립을 초래하기도 한다.

따라서 상대의 말을 되묻고 확인한다. 그리고 상대의

말을 다른 말로 해보고 다각적으로 확인함으로써 자신의 이해가 옳은지 확인한다. '결국 ○○○라는 건가요?'라는 식의 질문은 자신이 이해한 바를 바탕으로 상대의 합의를 끌어내는 기반이 된다.

○ 리프레이밍Reframing

이것은 상대의 말을 다른 형태로 다시 말하는, 한층 적극적인 행위다. 어느 쪽으로도 기울지 않는 중립에 선 채 상대의 말을 다른 긍정의 언어로 이야기함으로써 해결책으로 이어가는 토대를 만든다. 단기↔장기, 개인적↔집단적, 감정적↔비감정적, 일반적↔개별적, 등등의 말로 바꿀 수 있다. 예를 들면 부정적인 것을 긍정적인 행태로, 불만이나 불평을 요구나 바람의 행태로, 폭력적인 말을 비폭력적인 말로, 상황적인 것을 흥미로운 형태로 바꾸는 것이다.

분쟁지역에서 실제로 있었던 사례를 살펴보자.

소말리아가 극심한 가뭄에 시달릴 때, 가뭄에 대해 잘 아는 전직 테러리스트와 협력하여 식량 배분 등의 긴급지원을 진행하려던 때가 있었다. 몇몇 사람이 "저 살인자와 같이 식량 배분을 해야 하는 겁니까? 저들이 오히려 약탈했는걸요!"라고 우려를 표했다.

이런 상황에서 "자자, 마음을 가라앉히세요. 일단 맡겨 보지요"라고 말한다면 최악의 상황이 되어버린다. 전략적 대화를 생각한다면 그들이 잠재적으로 바라는 것이 안전한 식량 배분이 아니라는 걸 알 수 있다. 이미 과거 테러리스트였던 사람들에 대한 혐오감과 그로 인한 여러 우려가 숨겨져 있는 것이다.

그때 "그렇군요, 당신은 식량 배급을 안전하고 신뢰할 수 있는 사람들에게 맡기고 싶은 거죠?"라고 상대가 요구하는 것을 대신 말로 표현하고 여럿이 생각하는 자리를 마련하니 이후 솔선수범하여 지원 활동에 팔을 걷어붙였다. 간략하게 설명했지만, 이렇듯 해결책을 생각하는 데 있어 부정적인 의견을 어떻게 받아들이고 바꿔놓을지는 매우 중요하다.

○ 퀘스처닝Questioning
이것은 목적에 따라 적절한 질문을 던지고 지금까지 얻은 이해를 토대로 대화나 문제 해결의 지름길을 만들어가는 행위다. 이것으로 어떤 구체적인 행동을 끌어낼 수도 있고 이해를 더욱 깊어지게 할 수도 있다.

목적을 달성하기 위해서는 '무엇이 필요하며 또 무엇을

이해해야 하는가'라는 사실을 잊어서는 안 된다.

내가 하는 일의 목적을 달성하기 위해서는 기본적으로 한층 더 깊은 대화나 사고를 이어가야 한다. 그것도 반년 혹은 1년에 걸쳐서 말이다. 그만큼 성심을 다해 진행해가면 비로소 눈에 보이는 것이 있다. 일반적으로 대화하기도 싫고 대화도 되지 않는 상대일수록 더욱 그렇다.

또 이러한 전략적 대화는 그 준비가 80퍼센트를 차지한다. 수집할 수 있는 정보를 죄다 모아 이해한 끝에 어떤 목적을 세울지 검토한다. 어떤 대화와 질문을 던질지 사전에 생각하는 것이 성공의 비결이다. 나의 경우는 대화 상대가 소속되어 있는 테러단에 대한 정보를 비롯하여 가입 이유, 당시 어떠한 위치에 있었는지 등을 업무 내용, 담당 지역이나 원래 태어난 고향, 안면 있는 교도관, 다른 수형자에게서 들은 평가, 형기나 신원보증인과의 관계 등의 기초정보에 더하여 좀 더 정보를 수집한다. 한 사람, 한 사람의 카르테를 짜고 각자에 맞춘 전략을 세우고 대면한다. '대화 중 질문하여 듣겠다'는 자세는 안 된다.

우크라이나와 러시아의 평화를 위해 우크라이나에 부임한 나의 지인은 동료들과 여러 차례 협의하고 철저한 조사를 마친 후에야 첫 대화를 시도했다. 준비하지 않고 일단 이야기해보자는 태도로 무작정 나섰다가는 일이 잘 풀리지 않는다. 대화 참가자, 내용, 문맥, 과정 등을 생각하고 사전에 전략적 대화의 형식과 전략을 다듬어야 한다.

하지만 이 방법들을 사용한다고 해서 문제가 해결되는 것만은 아니다. 해결하기 위해 행동할 수는 있지만, 그것이 해결책을 가져오지는 않는다. 지금까지 말한 대로 전략적 대화를 통해 깊은 이해를 얻어야만 다시 깊은 대화로 이어질 수 있다. 느닷없이 해결책이 뚝딱 나오는 것이 아니다.

이런 테크닉보다 중요한 것은 '문제를 보는 시각'과 '문제를 받아들이는 자세'일 것이다. 현실적이고 이성적인 태도가 있어야 비로소 이런 테크닉도 살릴 수 있다. 그리고 그 끝에 어떤 해결책을 찾아낼 것인지, 인식과 태도를 다시금 수립할 필요가 있다.

전략적 대화의 네 가지 미시적 테크닉

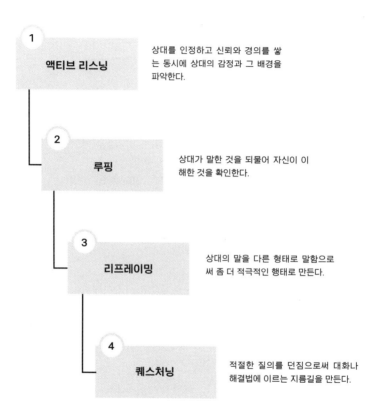

1
액티브 리스닝
상대를 인정하고 신뢰와 경의를 쌓는 동시에 상대의 감정과 그 배경을 파악한다.

2
루핑
상대가 말한 것을 되물어 자신이 이해한 것을 확인한다.

3
리프레이밍
상대의 말을 다른 형태로 말함으로써 좀 더 적극적인 행태로 만든다.

4
퀘스처닝
적절한 질의를 던짐으로써 대화나 해결법에 이르는 지름길을 만든다.

관점 바꾸기

○ 상대가 말한 것을 중립에서 어디에도 치우치지 않고 긍정적으로 다른 말로 표현한다.

○ 단기↔장기, 개인적↔집단적, 감정적↔비감정적, 일반적↔개별적 등의 말로 바꿔본다

부정적	긍정적
불평불만	요구
폭력적인 언어	비폭력적인 언어
상황적	흥미로운

퀘스처닝

○ 목적에 따라 적절한 질문을 던지고 지금까지 얻은 정보를 토대로 심도 있는 대화나 문제 해결의 지름길을 개척한다.

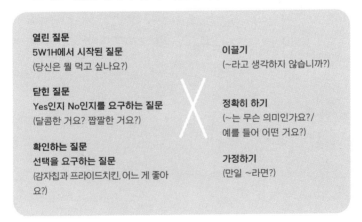

열린 질문
5W1H에서 시작된 질문
(당신은 뭘 먹고 싶나요?)

닫힌 질문
Yes인지 No인지를 요구하는 질문
(달콤한 거요? 짭짤한 거요?)

확인하는 질문
선택을 요구하는 질문
(감자칩과 프라이드치킨, 어느 게 좋아요?)

이끌기
(~라고 생각하지 않습니까?)

정확히 하기
(~는 무슨 의미인가요?/
예를 들어 어떤 거요?)

가정하기
(만일 ~라면?)

5장
과도한 동질성에서
피어나는 어긋난 공감

아름다운 구호의 함정

이제까지 살펴본 바와 같이 공감에는 좋은 면도 있고 나쁜 면도 있어 현대 사회에서 여러 작용을 불러일으킨다.

자신이 자연스럽고 이성적으로 공감하는 편이라면 문제 될 것이 없을 테지만, 지구상에 약 78억 명의 사람이 살아가는 만큼(미래에는 100억 명 가까이 될 것 같다) 분명 이해도 공감도 할 수 없는 사람이 존재하는 것이 당연하다. 아니, 존재하지 않을 리 없다는 말이 맞을 것 같다. 그리고 그런 사람끼리 대립하고 분단하는 일이 일어나고 공감할 수 없는 타자에 대한 차별이나 편견이 생기기도 할 것이다.

현대 사회에서는 수평적 평등이라는 개념이 중시되고

공생의 중요성도 알고 있다. 특히 젊은 세대라면 인권, 평등, 공생이라는 개념이 은연중에 장착되어 있고 그것의 중요성도 이미 사회적 상식으로 사회에 두루 퍼져 있다.

자신과 다른 사람, 자신보다 약한 처지에 있는 사람에 대하여 적극적으로 차별하거나 배제하고 공격하는 사람은 분명 얼마 되지 않는다. 최근에는 초등학생이나 중학생이라도 주변의 문제나 사회 문제에 관심을 가지고 문제의식을 느끼는 만큼 어찌 되었건 사회가 타자와의 공생을 향해 왔고 앞으로도 그 방향으로 나아가리라는 것을 알 수 있다.

이마누엘 칸트Immanuel Kant가 《영원한 평화를 위해》를 통해 '인권은 보편적이다. 결국 누군가의 인권이 침해당한다는 건 나의 인권이 침해당하고 있다는 것이기도 하다. 따라서 그 아픔을 느낄 수 있어야 한다'고 주장한 지 대략 200년이라는 시간이 지났지만 그다지 변한 것처럼 보이지는 않는다. 하지만 분명 아주 조금씩 좋은 세상이 되어왔다.

그럼에도 불구하고 여전히 지금 이 사회와 세계에는 숱한 차별과 편견, 배제라는 문제가 존재한다. 그런 건 있어서는 안 된다는 것을 머리로는 잘 알고 있으면서 어째서 완전히 사라지지 않는 것일까?

이에 대한 분석은 주로 사회심리학에 축적되어왔다. 그

배경에는 지금까지 몇 가지 다룬 대로 인간 이전의 생물로서의 본능적인 기능이 있다.

개인이 차별 같은 것을 해서는 안 된다며 스스로 억제할수록 그 같은 말이나 행위를 하게 되는 경향이 있다는 '리바운드 효과'는 오래전부터 지적되어왔다. 또한 공포나 증오라는 부정적인 감정이 특정 타자와 엮일수록, 차별이나 배제는 안 된다고 말할수록 타자를 배제하고 정당화하려고 한다.

이는 2장에서도 다뤘듯이 '듣기 좋은 말을 늘어놓는 네게 견딜 수 없을 만큼 짜증 난다'는 감정에서 나온 반동도 있을 것이다. '네가 A라고 말하면 나는 B를 고르겠다. 왜냐하면 나는 네가 짜증 나기 때문에, 네가 고른 A에는 이런 문제가 있을 것 같으니까'라고 쉽게 상상하는 것이다.

그런 옥신각신하는 상황에서 서로 중요하다고 생각하는 부분을 공격하면 엉망진창이 되어버린다. 사랑하는 조국을 지키고자 하는 진정한 마음에 대해 '난민이나 이주민을 인정하지 않는 차별주의자'라고 말하기 시작하면, (실제로 차별적인 말과 행동이 문제였다고 해도) 끝없는 싸움으로 번진다. 물론 그 반대도 마찬가지이다.

인간은 기본적으로 지금의 상황이 유지되기를 바라는 동시에 변화에 저항하는 마음을 갖고 있다. 따라서 역설적이지만, 사회의 부조리를 바로잡으려는 흐름 속에서 지금 자신의 안정이 깨지지는 않을까 하는 두려움을 느끼고 방어적인 태도를 취하며 이를 정당화하는 경향이 있다.

나아가 2장에서도 다뤘던 바와 같이 내집단 안에서 외집단에 대한 무의식적이고 정동적인 태도를 보이기 시작하면 적의라는 의식이 미치지 않는 곳에서 차별이나 배제가 발생하기도 한다. 내집단은 인류나 국적처럼 알기 쉬운 것뿐 아니라 여러 요소를 기반으로 형성된다. 그만큼 견고한 내집단과 외집단의 구별을 없애기는 매우 어렵다.

결국 '우리는 같은 인간이다! 같기에 서로 이해할 수 있다! 공감하고 대립이나 차별 없는 사회를 만들자!'라는 주장이나 사회적 규범만으로는 절대 움직이지 않는 현실이 있다는 말이다. 한마디 더 덧붙이자면 차별이나 편견은 아름다운 구호 때문에 만들어지거나 더 강고해지기도 한다.

나와 다른 사람에 대한 차별이나 대립은 '우리는 같다'라는 식의 이해에서 생겨난다. '다양성을 만들어가지 않으면 안 된다! 따라서 다양성을 인정하지 않는 사람은 있을 리 없고 인정할 수 없다!' 혹은 '같은 인간으로서 동성애는 이상하고 미친 짓이다. 자연스럽지 않다!'는 식의 생각도 가질 수 있는 것이다.

만일 여전히 우리는 같은 인간이라고 주장한다면 인간에게는 도저히 손쓸 수 없는 부분도 있다는 것을 이번 장에서 보태어 말하고 싶다. 그리고 우리가 시작해야 할 지점은 바로 인간의 그 어쩔 수 없는 부분이다.

모든 것을 진지하게 설명하면 엄청나게 긴 문장이 되어버리기 때문에 어떻게 설명하는지가 관건이기도 하다. 인간은 이성만으로는 설명할 수 없는 부분이 많다는 것을 인정한다면 조금은 친절한 세상이 되지 않을까.

좌파와 우파로 나뉜 논쟁의 의미

종종 우리는 공감하지 못하거나 공감하려는 생각조차 하지 않는 타인을 앞에 두고 "주먹질을 해댄다고 해결되는 것이 아니니 대화를 나누지 않겠는가?"라고 묻는다. 물론 분쟁을 해결하고 평화를 구축하기 위해선 대화를 해야 한다.

하지만 대화한다고 해서 반드시 상대를 이해할 수 있게 되거나 무슨 일이든 타개책을 찾을 수 있는 것은 아니다. '오늘은 어떤 간식을 먹을까?'라는 가벼운 대화라면 문제 될 게 없지만, 내집단을 형성하는 강한 요소인 정치나 종교가 주제일 경우 경솔한 대화는 더 큰 대립을 낳을 가능성도 있다.

일본의 소위 좌편향인 사람들과 우편향인 사람들의 압도적인 대립을 떠올려도 좋을 것이다. 좌와 우로 나누는 건 왠지 폭력적인 일처럼 보이지만 그들이 대화하는 모습을 상상해보자는 얘기다.

사회심리학자로 미국의 신자유주의와 보수의 대립을 대중에게 말해온 조너선 하이트Jonathan Haidt는 인간의 도덕적 기반은 '배려/위해', '공정/기만', '충성/배신', '권위/전복', '신성/추락', '자유/억압'의 여섯 가지로 분류하고, 인간은 이것들에 근거하여 도덕이나 정의를 생각한다고 말한다.

좌파는 '배려/위해', '공정/기만', '자유/억압'의 세 가지에 의존하는 경향이 있고, 우파는 여섯 가지 전부에 의존한다. 따라서 인권적이고 진보적, 그야말로 현대에 어울리는 아름다운 주장을 늘어놓는 좌파는 자주 패배한다.

더불어 자신이 속한 집단의 도덕적 기반 바깥에서 논쟁을 벌여도 사람은 자신의 잘못을 인정하는 법이 없다고 지적한다. 그러면 좌파와 우파로 나뉘어 논쟁을 벌이는 것이 대체 무슨 의미가 있는 것인지 모르겠다.

나도 논쟁에 여러 차례 참가하여 격론을 펼친 적 있지만, 아무리 옳은 주장을 펼쳐 논리적으로 깨부순다고 해도 패배한 상대방은 논리가 아닌 가장 감정적인 부분에서 불평과 불만을 드러낸다(내 표현이 나쁠지도 모르지만). 게다가 자신이 중요하게 여기는 것을 공격받으면 공격 스위치가 켜지고야 만다. 그땐 대화로 풀 수 있는 단계가 아닌 것이다.

나는 청년들의 시위 활동이 한창이던 몇 년 전에, 여러 시위로부터 정기적으로 참여해달라는 제안을 받았다. 당시는(지금도 별반 달라지지 않았지만) '우인지, 좌인지 분명히 밝히라'고 요구하는 시대이기도 하여 내키지는 않았지만 정치에 대해 생각해봤다.

실제로 일본의 시부야역 앞에서 사람들이 시위하는 모습을 보고 있으면 우편향인 사람들은 개인의 인권에 둔감해 전쟁도 긍정하는 모습을 보이기도 하는데 개인적으로 그런 인식에는 회의적이었다.

왜냐하면 우파로 보이는 사람들도 생명의 소중함을 이해하고 평화를 지향하는 듯 보이기 때문이다. 야스쿠니 신사에 군복 차림으로 깊이 허리 숙여 인사하는 사람을 '시대착오적인 늙은이'라거나 '코스프레'라고 야유하는 사람들도 많지만, 나는 그들을 도무지 무시할 수 없다. 그들이 가장 반발하는 건 그들이 중요하다고 생각하는 것에 이러쿵저러쿵 말하는 것 자체로 보였기 때문이다.

이슬람 과격파 테러리스트로 불리는 사람들도 다르지 않다. 그들이 중요하다고 믿는 신조나 그것을 근거로 하는 정치관에 외부의 타자가 이러쿵저러쿵 말하면 강하게 반발하는 모습을 여러 차례 봐왔다. 그들에게는 그들 나름의 논리가 있고, 그 자체는 마땅히 인정해줘야 한다. 전 세계에서 이슬람교도가 학대받고 있으며 외국인이나 이교도를 무너뜨리지 않으면 안 된다는 서슬 퍼런 생각을 180도 바꾸기는 어렵다. 완전히 부정할 수도 없고 부정할 권리도 본래 없기 때문이다.

폭력적이고 과격한 그들은 어떻게든 과격함에서 벗어나야만 하지만 그것은 별개의 이야기다. 바야흐로 자신의 집단을 강력하게 만드는 주제는 대화로 해소되는 게 아니라 오히려 악화시킬 가능성을 늘 잉태하고 있다. 실제 현장뿐만 아니라 세계적으로도 그런 부분이 배려되지 않은 의견이나 주장에는 큰 반동이나 반발이 따르기 마련이다.

이 사실을 먼저 숙지하고 상대를 받아들여야 한다. 그 뒤에 어떻게 하면 좋을지를 생각하는 것이 현실적인 태도다.

공생과 포용의 중요성

다문화 공생이나 이문화 공생이라는 말을 들으면 '왠지 중요
하고 멋진 사회'처럼 느껴진다. 모두가 미소 짓는 얼굴로 대
화를 나누며 온화하게 살아가는 사회가 그려진 관공서 안 책
자가 떠오르는데, 실제로 나는 그런 사회를 목표하고 있다.

그렇지만 실제 타자와의 공생은 총천연색 그림처럼 반
짝반짝 빛나지만은 않는다.

'인종의 도가니'로 불리는 영국의 수도 런던은 백인 영
국인의 비율이 50퍼센트에 불과하고 그 외에 아시아인, 아
프리카인, 카리브나 남미인, 동유럽인 등 실로 다양한 국적
과 언어, 문화가 융합되어 지구상에서 가장 다민족인 도시

중 하나가 되었다. 런던에서 대학원에 다니는 동안 참으로 다양한 사람들이 있다는 사실에 놀라움을 금하지 못했다.

그러나 잘 둘러보면 인도나 방글라데시 사람들은 어느 일정 지역에 모이고, 아프리카계 사람은 저쪽에, 중남미계 사람들은 또 다른 지역에, 중국인을 비롯한 아시아인은 또 조금 다른 곳에 모여 지내는 식이다. 압도적인 다양성이 존재하지만 정작 모두가 생활하는 장소나 생활 범위 깊은 데까지 섞여들지는 않은 듯 보였다.

또 인종에 따른 차별이나 편견도 흔했다. '흑인에 대한 차별은 있을 수 없다. 그런 일을 용서해서는 안 된다'고 말하는 사람이 아시아인을 차별한다. '인도인의 머릿속에는 돈밖에 없다'며 비웃기도 한다. 다양한 인종과 공존함에도 불구하고 런던은 다문화 공생사회라는 단어가 지닌 아름다운 울림이나 이미지와는 사뭇 달랐다. 굳이 말하자면 촌스럽고 느긋한 긴장이랄까, 벽 틈에 끼인 듯한 감각이랄까, 진심에서 우러난 것이 아닌 편의적인 공생처럼 느껴졌다.

미국 또한 다양성의 국가로 불리지만, 21세기 사회라고는 도저히 믿기지 않을 차별과 편견이 존재한다. 다들 차별이나 분단의 과제를 끌어안은 채 생활하는 게 현실이 아닐까.

대다수 사람이 타자와 공생하고 포용하는 것이 얼마나

중요한지에 동의하고 있다. 예컨대 이슬람 국가인 소말리아나 예멘 사회에서는 '이슬람교 아래 타자를 포용하라, 용서하라'는 말에 수긍하는 반응을 보이기도 한다.

　그러나 '지금은 아니라고 하지만 과거 무고한 사람들을 살해한 테러리스트를 사회가 받아줄 것인가'는 실제로 매우 어려운 문제이다. 그들이 몸담았던 테러단이 여전히 왕성히 활동 중이거나 분쟁이 지속 중인 경우가 그 이유에 해당된다. 더불어 테러 피해자가 보복할 것 같은 두려움을 느낄 수도 있으며, 오랜 세월 이어진 분쟁으로 사회가 황폐해지고 정부가 제 기능을 하지 못하는 등의 이유도 있기 마련이다. 하지만 중요한 것은 '충분히 이해하지만 실제로는 받아들일 수 없다'고 말하는 사람이 매우 많다는 점이다.

　'함께 살아야 한다니 그건 용납하기 어렵다', '화가 난다'는 반응도 매우 흔하고 그 심정도 충분히 이해할 수 있다. 또 '용서할 수 있다'고 말하는 사람일지라도 대부분 '그럼에도 그가 저질렀던 짓은 결단코 잊을 수 없다'고 말한다. 당연한 일이다. 이런 현실에 우리는 어떻게 해야 할까? 무엇을 해야 할까? 이런 고민을 현실적으로 생각하지 않으면 안 된다고 매일 다짐한다.

'이해불가'를 전제로 앞으로 나아가기

한국도 마찬가지지만 일본은 여전히 인종 다양성이 그리 높지 않다. 그럼에도 때때로 여러 불만이나 불안이 표출된다. 문화나 언어에서 오는 차이도 있겠지만 재일외국인에 의한 범죄 등의 뉴스로 인해 부정적인 감정이 생기기도 한다. "당신이 있을 곳은 분명 있어요(그러나 내 주변에는 없어요)"라거나 "백인은 그나마 낫죠. 중국이나 아프리카에서 온 사람은 안 됩니다"라는 마음이 드물지 않게 드러난다. 냉정히 생각해 자신에게 기분 좋은 타자나 이문화는 괜찮지만 그렇지 않은 타자와의 공생이 죄다 행복하고 반짝이는 나날인 것은 아니다.

생각하건대, 현실적인 실태를 뛰어넘어 '이미 그런 시대이니 다양성을 받아들이자'고 말하기보다 오히려 '우리는 다양성을 포용하기는 어렵다'는 마음가짐을 가져야 하는 것이 아닐까. 생활 소음의 크기, 조망권에 대한 의식, 종교관, 습관, 사고방식 등등 다른 사람을 이해하는 것은 마땅한 일이지만, 나와 다르기 때문에 분명 어려운 부분도 있다.

'이러다 우리의 고유문화가 무너지는 게 아닐까' 하고 경계하는 사람도 있다. 그것이 착각이라도 '우리의 좋은 모습을 지키고 싶다'고 말하는 사람의 생각 또한 무시할 수 없다. 일본의 경우 향후 50년, 100년을 생각했을 때 난민이나 이주민을 받아들이지 않는다면 파탄에 이를지도 모른다. 생산성 향상을 가져오는 것이 다양성의 추구이고, 경제적인 측면에서도 다양성을 꾀해야 하므로 이런 점을 무시할 수 없다.

따라서 다양성을 포용하지 못하는 사람들의 마음을 존중하면서도 대립을 막기 위한 더 나은 방향을 모색할 수밖에 없는 것이다.

원래 다양성이란 자신에게 껄끄러운 사람의 존재까지도 인정하는 것이다. 일본인끼리든 외국인에 대해서든 서로 이해하지 못하는 부분은 많다. 이런 현실을 똑바로 보는 것이 중요하지 않을까.

우리는 서로를 이해할 수 있다고 믿고 항상 이해하려고 노력하지만 실상은 상당 부분 이해하지 못한다. 이는 좋거나 나쁘다고 말할 수 있는 부분이 아니다. 그저 인간이 그런 존재이기 때문이다.

이해할 수 있다고 믿기에 오히려 대립하고 분단하는 이 시점에서 내가 제안하고자 하는 것은 일단 우리는 '타자라는 존재를 이해할 수 없다'는 걸 전제로 두어야 한다는 것이다. 그와 동시에 어떻게 하면 타자와 원활히 공존할 수 있는지를 생각해야 한다. 이렇게 하면 땅에 두 발을 굳건히 딛고서 괜한 문제의 발생 없이 서로의 생각을 대화로 나눌 수 있다.

상대를 이해하지 못하기에 생각하고 대화한다. 대화를 나눠도 이해하지 못하는 건 무엇인지를 생각하고, 다시 대화한다. 느닷없이 대립점에 마주하는 게 아니다. 특히나 심각한 주제에 대해서는 그런 부분부터 움직이는 게 의외로 문제가 잘 풀릴 수 있다.

6장
공감에 항거하라

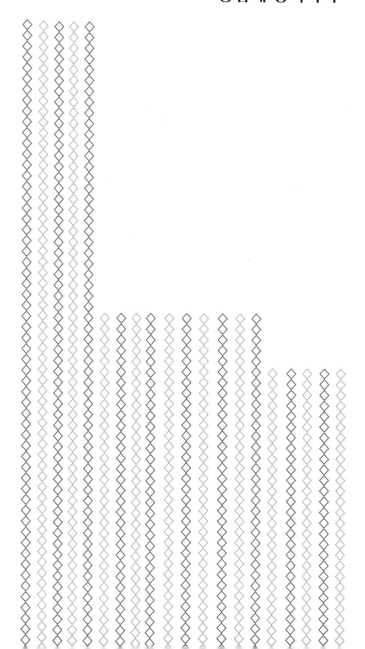

이성의 닻을 내려라

기본적으로 공감의 문제라는 것은 스포트라이트를 받는 성질과 지향성이라고 할 수 있다. 세계화가 진행되는 사회에서는 타자와의 관계를 피할 수 없다. 그런 가운데 공감은 여러 가지 가능성을 가지게 되는데, 공감의 성질로 인해 어쩔 수 없이 소외되는 사람이 생긴다. 1장에서 말했듯 본래 공감할 필요가 있어도 공감하지 못하는 사람에 대해—공감에만 의지해서는—어떤 선의도 그에게 다다르지 못한다.

물론 그런 까닭에 정부나 행정이라는 공적 기관이 있는 것이지만, 그것 또한 완전하지는 못하다. 선진국에서조차 말이다. 정부가 무너지는 경우나 분쟁지를 필두로 공공 서

비스가 없는 장소도 이 세상에는 얼마든지 있다. 그러나 소외된 사람들을 진지하게 생각하는 일들이 쌓여 사회나 공동체가 좋아지기도 한다.

따라서 공감할 수 없고 공감하기 어려운 사람을 소외된 채 두지 않기 위해 공감을 대신할 것이 필요하다. 좀 더 자세히 말하면, 공감 없이도 그 사람들에게 닿을 수 있는 방법이 필요하다.

나는 그것이 '권리'와 '이성'이라고 생각한다.

이는 공감할 수 있든 없든 일체 상관없이 '모든 사람에게는 인권이 있고 무조건 존중받아야 한다'는 이해를 가슴에 아로새기고 타자를 바라보는 태도다. 그 태도는 공감이 미치는 범위를 훌쩍 뛰어넘어 모든 사람을 끌어안아야 한다.

물론 '권리나 인권을 찾아도 이 세상이 그것을 담보할 수 없지 않은가?'라는 말이 틀린 것은 아닐지 모른다.

그래도 우리는 본능에만 의지하지 말고 전 인류가 이성적으로 합의할 수 있는 것을 토대로 해야 한다. 전 인류의 인권이 확실히 담보되는지를 묻는다면 슬프게도 여전히 그렇지 않다. 학살에 고문, 격차, 차별, 납치, 감금, 성폭행 등등 실로 견디기 어려운 숱한 인권 침해가 이 순간에도 전 세계에서 일어나고 있다.

그렇다고 해서 인권이 존재하지 않다거나 인권 따윈 억지라는 의미는 아니다. 왜냐하면 그것은 어디까지나 인권의 사용이 불완전할 따름이지 인권 그 자체의 얘기는 아니기 때문이다.

그렇다면 먼저 이성적으로 자신의 권리를 바라보듯 타자의 권리를 보는 게 그 시작이 아닐까. 일단 인권이라는 게 있고 세계적으로 합의할 수 있다면 먼저 그 이상적인 모습을 인식하고 어떻게 운용하며 실현할지를 생각함으로써 틀림없이 좋은 사회를 만들어갈 수 있다.

사람들은 인권 같은 건 환상에 불과하여 실제로는 존재하지 않는다고 쉽게 단정하지만 정작 그 끝이 어디로 이어지는지 생각하지 않는다. 1장에서 다룬 공감할 수 없는 노숙자를 예로 말하자면, 그 남성을 만났을 때 우선 필요한 한 가지는 그가 가진 '권리'에 집중하여 논리적이고 인지적으로 반응하는 것이다.

부랑자가 된 건 자업자득이므로 쌤통이라고 생각할 수 있지만, 여기서 중요한 것은 어디까지나 그의 권리를 존중하고 이성적으로 반응할 필요가 있다는 사실이다. 그 후 실제로 그 노숙자가 안고 있는 문제를 어디까지 해결할 수 있는지는 각자의 능력이나 예정에 따르는 것이라 낙관적으로 말할 수는 없으나, 그런 이성理性적인 이해에서 여러 가능성이 생기는 게 아닐까?

"모두의 인권을 지키자!" 같은 아름다운 구호보다 '기본적으로 말하기도 싫고 어떤 관계도 맺고 싶지 않은 사람에게도 권리는 있다'는 정도가 심성에 깃들어 있는 게 좋지 않을까.

증오가 휘몰아치는 지금의 세계를 더 나은 것으로 만드는 열쇠는 공감이 아닌, 권리에 대한 이성적 시선이다. 현실에 굳건히 발을 딛고 선 사실적인 실체가 그 시선에 동반된다. 본능이나 직감을 바꾸기는 어렵다. 그러므로 그것을 인정하고 소홀히 흘려보내지 않도록 이성의 닻이 필요하다.

또 이것은 공감하기 어려운 사람들에게 우리의 선의가 다다르도록 하는 것뿐만 아니라 누군가를 상처 주는 일도 차츰 줄일 수 있게 해준다.

2장에서 다뤘던 대로 누군가의 자의적 의도에 의해 자신의 공감이 타자를 공격하는 데 이용되기도 한다. 비록 자신은 의도하지 않았더라도 말이다. 집단학살 같은 압도적인 폭력 SNS에서의 불특정 다수에 의한 가차 없는 폭력이나 중상모략에 의한 자살도 그렇다.

일본의 인기 방송 프로그램인 〈테라스하우스〉에 출연한 프로레슬러 기무라 하나木村花 씨가 스물두 살의 나이에 자살할 수밖에 없을 만큼 궁지에 몰렸던 사건이 있었다. 그녀의 SNS에서 거친 폭언을 마구 쏟아낸 사람들이라도 그녀를 향한 명확한 살의 같은 건 없었을 것이다. 그저 SNS에 퍼지는 '때려라! 용서하지 마라!'라는 악의에 찬 기세에 편승해 어떤 통쾌함을 느끼며 거칠게 폭언을 쏟아냈을 뿐이다.

이런 비극은 기무라 씨 외에도 수없이 많다. 일본 경시청에 의하면, 2020년 초중고 학생의 자살자 수가 499명이었다고 한다. 이는 1980년 이후 가장 많은 수치이다. 물론모든 것이 공감과 연관된 폭력은 아니다. 그런데도 자살자수가 증가했다는 사실에는 주목하지 않을 수 없다.

폭력적인 의도에 선동되지 않도록 우리는 자신의 공감이 어떤 성질인지를 의식해야 한다. 그리고 그것이 타자에대한 폭력으로 이어지지는 않는지 신경 쓰고 그런 폭력적인방향성에 공감을 부추기는 일에 대해서도 이성의 닻을 내리고 항거할 필요가 있다.

와세다 대학 교육·종합과학학술원 교수인 이토 마모루伊藤守 씨는, SNS가 대립이나 분단을 심화시키는 글을 추천받고 공유한다고 지적한다. 대부분 정동에 자극받아 뜨겁게 흥분한 채 공격적인 태도로 적은 글이다. 그리고 그 대책 중 하나로서 '한차례 깊이 호흡할 것'을 제안했다. 흥분한 상태라면 먼저 심호흡을 하고 잠시 시간을 가진다. 세찬 정동을 일단 멈추는 것도 매우 이치에 합당한 일이다.

르완다의 집단학살 기념센터에는 '만약 당신이 나에 대해 알고 당신도 자신을 잘 안다면 나를 죽이지는 않을 것이다'라는 말이 새겨져 있다. 거의 30년이 지났지만, 지금도 나는 때때로 그 말을 곱씹어본다. 타자를 이해하기에 앞서 우리는 자신을 이해하는 것부터 시작해야 한다. 자기 이해를 통해 같은 인간을 응시하고 이해할 수 있다고 믿기 때문이다.

명백한 흑백은 때로는 독이 된다

최근 SNS가 발달하면서 각자 자유롭게 자신의 생각이나 의견을 밝히는 일이 많아졌다. 특히 정치가나 경제인이 너무도 시대에 뒤처진 발언을 하거나 중요한 법안을 심의할 때, 또 선거 전이나 BLM 같은 세계적 규모의 운동이 뉴스가 되면 서로의 의견을 묻거나 '입장을 분명히 밝히라'는 식의 어떤 강압적인 분위기가 만들어지기도 한다. 그때 목소리를 내지 않으면 '침묵하는 건 긍정하는 것과 다르지 않다'며 일면식도 없는 사람들로부터 느닷없이 비난의 말을 듣게 된다. 이처럼 좋든 싫든 찬성인지 반성인지를 밝혀야 하는 시대가 되어버렸다.

물론 자신의 생각이나 의견을 말하는 것은 중요하다. 인류 역사상 목소리를 내어 연대함으로써 여러 차례 큰 변화가 있었다.

　단, 5장에서 다뤘듯 A와 B로 나누어 논쟁을 벌여도 별 의미는 없다. 오히려 대립이나 분단이 한층 심화될 따름이다. 우인가 좌인가, 흰가 검은가를 분명히 하는 건 사실 현명한 선택이 아니다. 사물은 다원적이고, 사고의 윤곽선은 늘 모호한 편이 더 좋은 사회를 만들 수 있다고 믿는다. 흑백을 억지로 명확히 밝힐 필요는 없다.

　그 태도를 유지하기에 타자와 공유할 수 있는 게 생기고 대화할 수 있다. 원자력 발전소를 반대한다고 해서 반자민당이고 시위에서 목소리를 높여야 하는 건 아니다. 공인이 야스쿠니 신사를 찾아 참배하는 데 찬성하는 게 꼭 중국에 반대하고 이주민에 반대해야 하는 것은 아니다. 이런 주장이면 이쪽, 저런 주장이면 저쪽, 그런 주장은 어느 쪽도 아니라는 식의 인식은 대립이나 분단을 일으키는 태도이다. 그 지점에서 사회나 세상을 어떻게 좋게 만들어갈지 생각하는 것이 필요하다.

　무엇보다 중요한 것은 자신(자신에 대한 이해)을 통해

생각하는 것이다. 그럼으로써 누구에게도 휘둘리지 않는 자기만의 생각을 가진다. 유튜버가 말하니까, 자신이 지지하는 사람이 말하니까, SNS의 인플루언서가 말하니까, 가 아니라 어디까지나 자신의 머리로 생각해야 한다.

그것만이 대립이나 분단을 극복하는 하나의 열쇠다. 악마로 보이는 상대라도 이해할 수 있는 점, 찬성할 수 있는 점, 최소한 인정해야 할 점이 하나쯤은 있을 것이다. 우리는 타자가 무슨 생각을 하는지 도무지 이해하지 못하는 경우가 많고, 그럴 때면 똑같은 인간이지만 서로를 절대로 이해할 수 없는—상대도 역시 자신을 이해할 수 없는—외계인처럼 여기기도 한다. 내가 아닌 건 궁극적으로 다 그렇다고 생각한다. 그렇게 생각하면 100퍼센트 이상한 의견도 없다. 무엇보다 그런 태도로 상대를 대한다면 괜한 대립도 생기지 않는다.

'당신의 의견은 무엇인가?'라고 재촉받는다면 일단 자신의 의견을 생각하고 말할 것이다. 그러나 당신이 나중에 그 의견을 바꾸기라도 하면 '당신은 손바닥 뒤집듯 의견을 바꾼다'며 비난하는 경우도 있다. 트위터에 올린 고작 140자 이내의 글을 근거로 들이밀며 '과거에는 이런 말을 했다!'고 추궁할지도 모른다. 정치가나 유명인이 몇 년 전 트위터에 올린 말이 부메랑처럼 되돌아와 '내로남불'이라며 야유받는 일이 혼하게 벌어지는 것처럼 말이다.

하지만 의견 같은 건 얼마든지 변해도 좋고 원래 변하는 것이다. 그때그때 환경이나 생각에 따라 변하는 것은 당연하고 오히려 자연스럽다. 만일 10년 동안 의견이 조금도 변하지 않는 사람이 있다면 그게 더 부자연스럽다. 우리는 늘 배우는 과정에 있어 어느 한순간을 집어내는 것은 그리 생산적이지 않다. 오히려 사고하는 가운데 어떻게 의견이 변화했는가를 공유하고 대화하는 것이 흥미롭고 유의미한 일일 것이다.

나는 대학 1학년 무렵에 '일본은 서구의 여러 나라만큼 난민을 받아야 하고, 자민당은 믿을 수 없고, 미국은 공화당이 정권을 잡아서는 안 되고, 앞으로는 시민사회가 주역'이라는 자유로운 생각을 갖고 있었다. 그러나 사실 그 의견은 그 당시 내가 읽은 책이나 대학 수업에서 배운 것을 곧이곧대로 나의 견해인 양 말했을 뿐이다. 그 이후 배움의 깊이를 더하며 이런저런 행동을 하는 동안에 '세상은 참으로 복잡하다'는 사실을 깨달았고 나름의 다채로운 의견을 가지기에 이르렀다.

그렇다고 지금 보수적이고 권위주의적인 생각을 가진 것은 아니다. 희냐 검으냐 어느 쪽인지를 묻는다면 "종합적으로 회색입니다만……"이라고밖에 말할 수 없지만, 세상을 지금보다 더 나은 것으로 만들자는 생각만큼은 변함없이 간직하고 있다. 그것만으로 충분하다고 믿는다.

말이 다소 길어졌지만, 이렇듯 어떤 유연성이 중요하지 않을까? 온갖 것들을 칼로 무 자르듯 단정하고 상대를 깨부수려는 강한 주장이나 태도는 오히려 대립이나 분단을 낳고 악화시킬 따름이다. 다시 말하지만, 정론이라는 건 사람마다 다르고, 비록 공통하는 정론이라도 그것만으로는 대개 문제를 해결할 수 없다.

우리는 이미 국제 정치든 국내 사회든 학교나 가정이든 그런 걸 경험해왔다. 과거에서 각자 무엇을 배우는가, 이에 대해 지금 진지하게 생각해볼 필요가 있지 않을까.

공감받지 않아도, 연결되지 않아도

비록 공감받지 못하거나 누군가와 연결되지 않아도 기본적으로 문제 될 게 전혀 없다는 사실을 매일 생각한다.

나는 나다. 그 이상도 이하도 아니다. 세상에는 자신과 타자밖에 존재하지 않기 때문에, 궁극적으로는 자신밖에 없다고 말할 수 있다. 그런 자신의 존재는 어느 누가 긍정하지 않는다고 해도 존재하지 않는 게 되어버리는 것이 아니다.

흔히 사회에서는 '존재 가치'나 '존재 의의'라는 말을 하는데 이는 본디 정신을 차리고 보니 존재하고 있더라 하는 뜻이 아니다. '나는 이런 가치나 의의를 발견하려고 태어났다'는 식의 얘기는 결코 성립되지 않는다. 그리고 돈이 있거나 팔로우가 많기에 더 나은 존재라는 말도 전혀 성립되지 않는다. 같은 맥락으로, 인류를 구원했기에 더 훌륭한 존재라는 말도 있을 리 없다.

나는 불우한 가정환경에서 성장했고 부모로부터 '누구 돈으로 네 놈이 먹고사는지 아냐?'는 말을 줄곧 들어야 했다. 거기에 '당신들에게 낳아 키워달라고 말한 적 없다'며 분노로 악다구니를 쳤다. 그 후 테러나 분쟁을 해결하자는 사명감으로 일하겠다고 결심한 뒤 죽음에 대한 공포를 느끼면서 죽음과 스스로에 대해 생각하기 시작했다. '어차피 죽을 거다. 원래 인생에 의미 따위는 없다. 그렇다면 내가 하는 일에 대하여 진지하게 생각하자'는 결론에 이르렀다. 존재가치 따윈 아무래도 좋고 그래도 신경이 좀 쓰인다면 내 마음대로 정해버리면 그만이다. 정답 같은 건 없으니까.

사회적으로 존재 가치나 존재 의의가 원래 없는 사람이라도(그 또한 무언가는 갖고 있을 것이다), 인권을 인정받을 권리가 있다. 따라서 당당히 가슴을 펴고 스스로 자기 긍정을 한다. 굳이 자기 부정을 할 필요는 없는 것이다. '나는 나'라고 당당히 말한다. 나는 나로 지금 존재한다고. 여기에 근거나 이유 따윈 필요 없다. 그렇게 생각하고 이해할 때 비로소 자신이 아닌 타자의 존재를 자각하고 인정할 수 있지 않을까.

다소 추상적일 수 있지만, 이는 사회 안에 있을 때 타자의 권리를 인정하는 것으로 이어진다. 그리고 무엇보다 지독하고 괴로운 공감 중독에 빠지지 않으려면 타자 의존에서 벗어나는 것도 한 가지 처방이다.

더 나은 사회와 세상을 위해서

마지막으로, 사회나 세상을 조금이라도 더 좋게 만들기 위해서는 무엇이 필요할까?

이 문제를 구체적으로 생각할 때 가장 까다롭고 어려워지는데, 여기서는 이 책의 주제인 공감에 대해 간결히 이야기해보겠다.

결론부터 말하면, 감정에 맡기는 게 아니라 공감의 장점을 잘 사용하면서 동시에 이성도 작동시켜 그 고삐를 단단히 잡아 소외되는 사람은 없는지, 대립이나 분단을 어떻게 극복할지 심사숙고하는 것이 사회와 이 세상을 더 좋게 만들 것이다.

공감만으로는 아무것도 할 수 없다. 이성이 함께할 때 비로소 진정한 의미의 가능성이 생긴다. 6장 전반부에서도 언급했지만 우리가 사회를 조금이라도 더 좋게 만들려면 훈훈한 마음이 공감의 범위를 뛰어넘어 권리의 범위에 이르러야 한다.

하지만 그것은 몹시 어려운 일이다. 따라서 질문을 던져야 한다. 어떻게 실현할 수 있는가? 본능적인 것을 충족시키지 못한 사람들의 권리를 어떻게 채워줄 수 있는가? 개인 차원에서 그룹 차원으로, 다시 조직 차원에서 행정 및 국가 차원으로 그리고 지구적 규모로 사고를 확장해갈 필요가 있다. 그것이 바로 이성의 힘이다. 지성이라고도 말할 수 있을 것이다.

이성이란 애당초 억지라거나 권리 따윈 환상에 불과하여 존재하지 않는다고 말하는 게 아니라, 무리일지라도 뭐든 되게 노력하는 것만을 뜻한다. 이는 침팬지나 흰쥐와 같은 동물에게는 없는 인간의 강점이다. 더불어 침팬지나 흰쥐와도 완만히 공존하는 세계를 목표로 한다.

데이비드 흄David Hume이 '이성은 정념의 노예'라고 말했듯이, 이성은 정념에서 힘을 얻는다. 그 후 나중에 적당한 이유를 찾는다. 이성으로 사람을 구할 수 없다는 말도 있기 때문에 내 얘기가 어쩌면 고리타분할지 모른다.

그래도 정념이나 공감에 기인한 사고나 행동만으로 문제가 있다면 역시 어떻게 조합할 것인가, 이성은 거기서 어떻게 기능할 수 있는가, 그런 것을 반복해 생각하는 수밖에 없다.

그렇게 사회와 세상의 모든 문제와 마주하면서 시행착오를 겪는다. 문제를 해결하고 사회를 조금이라도 더 좋게 만들어가는 것은 사상 검토가 아니라 실천적 자세에서 생겨나는 것이다.

그것은 분쟁지역 제일선에서만 벌어지는 문제가 아니다. 일본 국내에서도, 극단적으로 말하자면 세상 모든 데서도 마찬가지이다. 깊이 이해할 수 있을 것 같지 않은 타자와 실제 문제를 어떻게 마주할 것인가, 타자의 말에 편승하는 게 아니라 땅에 두 발을 단단히 딛고서 자신을 통해 생각해야 한다.

그리고 유일하게 이해할 수 있는 '나 자신'이 어떤 사람인가를 정면으로 마주한다. 그 이성적이고 진지한 사고만이 공감과 함께 세상을 더 나은 것으로 만들어가는 열쇠일 것이다.

우치다 다쓰루

1950년 도쿄에서 태어났다. 도쿄대학 문학부 불문과 졸업.
도쿄도립대학 대학원 인문과학연구과 석사과정 수료. 무도가.
고베여학원대학 문학부 명예교수. 전문은 프랑스현대사상,
영화론, 무도론 등. 주요 저서로《망설임의 윤리학》,《어른이
된다는 것》,《거리의 전쟁론》,《배움엔 끝이 없다》,《곤란한
성숙》,《곤란한 결혼》, 편저로《일본의 반지성주의》,《전환기를
사는 당신에게》등 다수가 있다.《사가판 유대문화론》으로
제6회 고바야시 히데오 상 수상.《일본변경론》으로
2010 신서대상 수상. 제3회 이타미 주조 상 수상.

목차

윤리의 기본, 측은지심

나가이   저는 테러단에서 투항해온 사람을 도와 사회에 복귀
할 수 있도록 지원하고 있습니다. 그러나 국제적인 지
원이라는 분야에서 대상자나 대상 지역에 대한 편견이
늘 마음에 걸렸습니다. 난민이나 어린아이에게 그런
문제가 발생하면 정동적인 공감이 생기는 것에 비하여
'이전에 테러리스트로서 사람을 죽인 성인'이라는 배경
이 있으면 180도 태도가 돌변합니다. 비록 똑같은 문제
를 가지고 있다고 해도 '이런 극악무도한 자가 여태 살
아 있는가?'라며 분노합니다. 저는 그 부분에서 가장
큰 문제의식을 느꼈습니다.
오늘날 일본 사회에서 공감이 인기리에 칭송받는 듯
한 상황을 보며 위화감을 느낍니다. 그와 동시에 '공감'

의 결점에 대해 생각했고, 애당초 공감할지 말지는 각자의 자유라는 점도 깨달았습니다. 그렇다면 '공감하지 않을 자유'를 어떻게 보면 좋을까요? 이것이 저의 과제가 되었습니다.

모두 '공감하지 않을 자유'를 행사한 탓으로 '공감받지 못하는 사람'이 생겨난다면 그때 발생하는 문제를 우리는 어떻게 봐야 할까요?

우리에겐 모두 인권이 있으므로 과거에 범죄를 저지른 테러리스트일지라도 도움을 받을 권리가 있습니다. 이는 공감 여부의 문제가 아닙니다. 그 점을 이성적으로 이해하는 것이 중요하다고 생각합니다. 그런데 칸트윤리학자인 미코시바 요시유키御子柴善之 선생님과 말씀을 나눴을 때 '이성과 개개인이 가진 윤리·도덕은 별개의 것'이라는 말을 듣고, 왠지 절로 고개가 끄덕여졌습니다.

그 후 로버트 캠벨Robert Campbell 씨와의 대화에서 '당신은 〈공감받지 못하는〉 것을 문제로 인식하는데, 반대로 나처럼 커밍아웃한 사람에 대하여 당사자도 아닌 제3자가 〈공감한다〉고 간단히 말한다면 이 또한 문제를 낳는다'고 지적했을 때도 수긍이 갔습니다.

그래서 우치다 선생님께 이 '공감하지 않을 자유'에 대해 어떻게 생각하면 좋을지 여쭙고 싶습니다.

우치다 매우 본질적인 질문입니다. 젊은 분들은 그런 식으로 문제를 인식하고 고민하는군요. 원리의 문제로 생각하는군요. 당신은 이렇게 생각하는 거죠. '이념상 모든 사람에게 평등하게 지원해야 한다. 그러나 현실에서는 이 사람은 지원해도 저 사람은 지원하지 않는 식의 선별이 이뤄지고 있으니 어느 게 옳은가?'라고요.

결론부터 말하면, 그 어느 쪽도 아닙니다. 문제 해결의 모델을 만들 때 우리는 먼저 극단적인 원리를 양극에 두기 마련입니다. 그 경우에 설정되는 원리라는 건 어디까지나 문제를 해결하기 위한 조작 개념으로 소위 사고를 위한 장치입니다.

실제로 우리가 할 수 있는 일은 그 양극단의 이념 사이에 있습니다. 한 사람이 쓸 수 있는 시간이나 체력, 돈, 네트워크에는 자연히 한도가 있습니다. 그리고 그 손에 쥔 자원 외에는 쓸 수 있는 게 없습니다. 모든 것에 동등하게 배분할 수 없으므로 우선순위를 매겨야 합니다. 손에 쥔 자원을 어디에 어떻게 분배할지 그 우선순위를 정할 때 누가 봐도 타당하여 만인이 고개를 끄덕일 수 있는 객관적인 기준 같은 건 존재하지 않습니다. 어떻게 분배하든 반드시 불만이 생기기 마련입니다. 해야 할 일을 해야 하는 순서에 따라 했으니 이것으로 완벽하다는 건 절대 있을 수 없죠. 하지만 그래도 좋습니다. 지구에 사는 모든 사람을 똑같이 지원할 수는 없습니다. 동등하게 경의를 가질 수도 없고요. 손길이 닿는 곳부터 지원하는 수밖에 없습니다. 그러나 '손길이 닿는 곳부터 지원하는' 게 옳을 리 없죠. '나는 좋아하는 사람만 돕고, 미운 사람은 무시한다'고 공언하는 사람은 비상식적입니다. 그렇다고 그 사람을 향해 '당신은 틀렸다'고 비난할 수 없습니다. 분명 비상식적이고 바람직하지 않지만 '당신이 틀렸다'고 단언할 수 없습니다. 인정머리 없거나 아량이 없다는 건 분명 인간으로서 부족한 일이지만, 질책받거나 처벌받을 일은 아닙니다. 세상의 모든 사람을 한꺼번에 도울 힘이 없어 주변 사람밖에 지원할 수 없다는 건 아쉬움이 남습니다만, 그것으로 충분합니다. 100퍼센트 잘된 것도 아니지만 100퍼센트 잘못된 것도 아닙니다. 우리는 그 양극단의 중간 어느 지점에 있습니다. 양극단 사이에 펼쳐진 회색지대 안 자신의 역량에 맞는 어느 곳에서 활약하는 수밖에 없습니다

나가이　　말씀대로입니다. 이성이나 인권이라는 '원리'가 아니라 '인정'이나 '상식'으로 생각하는 게 좋을 것입니다. 예컨대 학교의 휴식 시간에 '놀러 나가자!'라고 말하는 사람이 있는 반면 '우리 얘기하자!'라고 말하는 사람도 있습니다. 그럴 때는 다들 자유의사에 기초하여 행동합니다.
그런데 교실 안에 덩그러니 홀로 남겨진 소외된 사람이 있다면 그건 누구의 책임일지 생각해볼까요. 그가

'혼자라서 외롭다. 하지만 아무에게도 말할 수 없다'고 생각한다면 그건 문제입니다. 그렇다면 그 문제의 해결은 누가 해야 할까요? 모두에게 '공감하지 않을 자유'가 있는 가운데 홀연히 문제가 발생한다면 어떻게 하면 좋을까요?

우치다 당신에게 있어 그 소외당하고 남겨진 사람이란 아무도 가엽게 보지 않고 공감해주지 않는, 한때 테러리스트였던 사람인 거군요. 분명 '테러리스트가 공감받지 못하는' 것은 어쩌면 인정상 자연스러운 일입니다. 그럼에도 홀로 소외당하고 외로워하는 사람을 보면 무심코 손을 내미는 것 역시 인정상 자연스러운 일입니다. 그리고 저는 이 '무심코 손을 내미는' 것이 윤리의 가장 기본에 있다고 생각합니다. 측은지심이지요.

나가이 측은지심이요.

우치다 측은惻隱이라는 건 예컨대 어린아이가 아장아장 걷다가 우물에 빠질 것 같을 때 무심코 손을 뻗어 도움을 주는 것입니다. '이 아이를 도우면 아이 부모에게 감사의 말을 듣겠지, 돕지 않으면 주위 사람들에게 인정머리 없다며 비난을 받을지도 몰라.' 그런 계산을 하기에 앞서 무심코 손이 나가는 게 측은입니다. 아무 생각도 하지 않는 가운데 도움을 원하는 타자의 호소에 몸이 자동으로 반응합니다. 그것이 인간적 도리의 기본이라고 《맹자》에서는 말합니다.

이때 무심코 손을 내미는 이유는 상대가 힘없는 어린 아이이기 때문입니다. 아마 그게 건장한 체격의 어른이라면 저절로 손이 나가지는 않았을지 모릅니다. '우물에 빠지다니 멍청한 놈. 누구 한가한 사람이 있으면 저자 좀 도와줘.' 이 정도의 반응을 보일지 모릅니다. 측은지심이 발동하기 위해서는 나름의 조건이 있습니다. 하나는 '자신이 봤을 때 약자'일 것, 다른 하나는 '자신의 힘으로 구원할 수 있다고 생각'할 것. 그 조건이 갖춰지면 측은지심은 자동으로 발동합니다. 그러나 상대가 자신보다 강하거나 도저히 자신의 힘으로 도울 수 없다면 '무심코 손이 나가는' 일은 일어나지 않습니다.

나가이 그것은 '본능적인 반응' 같은 것인가요? 그런 순간에 머리로 생각하기에 앞서 몸이 먼저 움직였던 적이 분명 있습니다.

우치다 당신은 과거 테러리스트였던 청년을 눈앞에서 봤을 때 그가 '우물에 빠진 아이'로 보였겠군요. 그래서 도움의 손길을 내밀었겠죠. 그러나 보통 사람의 눈에는 그렇게 보일 리 없습니다.

따라서 눈앞에 있는 사람을 도울지 말지는 아마 당신의 개인적인 능력의 크기에 따라서 결정될 것입니다. 소말리아의 조폭이 느닷없이 손에 총을 들고 나타난다면 공포나 혐오감이 앞서겠지요. 그 사람이 '우물에 빠진 아이'로 보이는 건 꽤 예외적일 것입니다.

나가이 그렇다면 만일 교실 안에 소외되어 남겨진 사람이 자신보다 약자도 아니고 자신의 힘으로 도저히 도울 수 없고, 예컨대 거짓말만 하고 도둑질하고 사람을 죽이기도 한 경험이 있어 누구의 공감도 받지 못한다면 '측은지심'이 발동할 수 있을까요? 반대로 자신의 힘으로 충분히 도울 수 있는 약자라면 측은지심이 더 많이 발동할까요?

우치다 그건 감정의 크기에 따라 다를 것입니다. 누군가 홀로 우두커니 있는 모습을 보고 전혀 신경 쓰지 않는 사람도 있고, 몹시 걱정하는 사람도 있습니다. 그를 신경 쓰는 사람은 자신에게 이득이 될지 계산하지 않고 불현듯 '같이 놀래?'라고 물을 것입니다. 아니면 '왜 너는 늘 혼자야?'라고 말을 걸겠지요. 그렇듯 자연스럽게 상대에게 말을 건넵니다. 작위적이지 않습니다. 소외되어 홀로 있는 사람은 자신에게 일부러 다가와 손득을 계산하는 듯한 느낌을 받으면 마음의 문을 닫아버리니까요. 그러나 자연스럽게 손을 내밀며 껍질을 벗깁니다. 사람의 본질을 꿰뚫어 보는 사람은 외모가 아무리 공격적이라도 그 사람의 마음속에 있는 '연약함'을 봅니다. 따라서 그 '연약한 아이'가 겁먹고 있으면 무심코 손을 내밉니다. 그것이 '사람 보는 눈'이라는 거지요. 개인이 지닌 감정의 그릇이 얼마나 큰지에 따라 눈앞에 있는 사람이 쉽게 상처받고 무너질 수 있는지가 보입니다. 감정이 풍부하다는 것은 선천적인 요인입니다. 눈이 좋거나 키가 크거나 코가 날렵한 것처럼 말이지요. 선천적으로 감정의 그릇이 큰 사람이 있습니다. 그리고 그런 사람이 도움의 손길을 쓱 내밀 때의 심정은 흔히 우리가 말하는 '공감'과는 다를 것입니다.

나가이　그게 공감이 아니라면 대체 뭐라고 말하면 좋을까요?

우치다　'감정의 그릇이 크다'고 하면 좋지 않을까요. 노력하여 그러는 것도 아니고 어떤 의무감에서 그러는 것도 아닙니다. 자신의 감정이 움직이는 대로 솔직히 따랐더니 손이 절로 나간 것뿐입니다. 감정의 그릇에는 대소大小가 있고 그것은 거의 선천적입니다. 감정의 그릇이 작은 사람에게 '그릇을 키우라'고 말해도 무리이고 그릇이 큰 사람에게 '좀 줄이라'고 해도 억지입니다. 한 사람, 한 사람 자신의 감정의 그릇에 따라 상응하는 일을 하면 되는 것이겠지요.

외장형 윤리를 장착하는 방법

나가이 　그렇다면 몹시 힘겨워 보이는 노숙자와 우연히 만났을 때처럼, 도덕심이 요구되는 상황에 있을 때를 예로 들어봅시다. 만일 감정의 그릇이 작은 사람이라면 즉각적으로 반응하지 못하고 그저 지나쳐버릴 것입니다. 그런 자신의 모습에 좀 짜증이 나겠지만 실제로 어떤 행동으로도 그 사람을 돕지는 못합니다. 이 상황을 어떻게 이해하면 좋을까요? 감정의 그릇이 작으면 어쩔 방도가 없다, 감정의 그릇이 큰 사람이 그 사람에게 어떤 식으로든 도우면 된다, 이 정도의 심정이면 좋을까요? 태생적으로 타고난 것이므로 감정의 그릇이 작다면 어쩔 수 없다는 의견에는 왠지 쉽게 수긍하기 어려운 부분도 있습니다.

우치다 　그건 어쩔 수 없습니다. 자기 안에서 솟아나는 내발적인 것이라서 도저히 머리로는 통제할 수 없습니다. 머리로 생각한 것은 '이것, 이것을 해야만 한다'는 문장의 형태를 띠지만 감정의 움직임이란 그렇지 않습니다. 문득 정신을 차리고 보니 이미 움직이고 있는 것이죠. 그리고 그것은 감정의 그릇으로 결정됩니다. 그래서 사람의 윤리성을 우열로 따지는 것은 쓸모없습니다. 그 누구라도 개인적인 한계를 가집니다. 따라서 그 능력의 범위 안에서 자신이 할 수 있는 일을 하면 되는 거지요.

그러나 어떻게든 즉각적으로 행동할 수 있기를 바란다면 '어려움에 처한 사람을 보는 즉시 도와야 한다'는 기존의 윤리를 장착하는 방법도 있습니다. 종교든 정치적 이데올로기든 그런 기성품을 외장형으로써 장착하는 거지요. 기독교 신자가 되거나 인권옹호자가 되거나 마르크스주의자가 되거나…… '이타적인 행동'을 당연한 행위로서 말하는 어떤 틀 안에 자신을 두는 것입니다. 그런 틀 안에서는 사람을 돕기 위한 이론이나 작법이 정해져 있습니다. 그것을 토대로 체계적인 논리가 존재하고 구체적인 방법이 있습니다. 역사적으로도 풍부한 성공 사례가 축적되어 있는데, 그것을 외장형으로 장착하는 것입니다. 실제로 그런 사람은 많고 제법 효과적입니다.

단, '외장형으로 장착한 측은지심'에는 몇 가지 억지스러운 데가 있습니다. 예컨대 기독교는 약자에 대한 사랑에서 시작된 종교이지만 기독교라는 이름 아래 이제껏 수많은 사람이 죽어야 했습니다. 순교한 사람도 있고 배교자·이교도라는 이유로 살해된 사람도 있습니다. 그 역사적인 사실은 부정할 수 없습니다. 마르크스주의도 마찬가지입니다. 억압받는 사람에 대한 측은과 공감에서 시작된 정치사상이지만 마르크스주의라는 이름 아래 수많은 사람이 죽었습니다.

'모든 사람을 사랑한다'는 윤리는 개인이 내발적으로 끝까지 지지할 수 없습니다. 따라서 '기성품'을 장착하는 겁니다. 그러나 추가로 장착한 윤리는 때때로 브레이크가 듣지 않습니다. 내발적인 윤리는 '인간으로서'라는 매듭이 있는데, 나중에 장착한 윤리는 감정이나 신체에 의한 규제를 받지 않아 폭주하기도 합니다.

나가이 예전부터 '인권침해는 어떤 경우라도 억압받아서는 안된다'는 걸 전 인류에게 다시금 알리고 어떻게든 실현할 수 있도록 정부를 움직여야 하지 않을까 생각했습니다. 인권교육이라고 해봤자 수박 겉핥기 정도이지만 그래도 기성품으로 장착하여 '인권 교육적으로 강고해진' 사례가 있을까요?

우치다 지금 당신이 '교육'이라고 말한 건 '학교'를 상정하는 것 같은데, 사람이 살아가는 방식은 학교에서는 배울 수 없습니다. 인권교육은 학교에서 가르치는 거라고 생각하는 부모도 있지만 이는 말도 안 됩니다. '인간으로서 어떻게 행동해야 하는지'를 아이에게 각인시키는 것은 '가풍家風'입니다. 아이들은 부모의 등을 보고 인간으로서 어떻게 살아가야 하는지 배웁니다. 그건 교과서에서 배우는 게 아닙니다.

예전에 쉴즈의 오쿠다 아키奥田愛基 씨와 만나서 이야기를 나눴는데, 대화 가운데 반은 아버지에 대한 이야기였습니다. 그의 부친 오쿠다 도모시奥田知志 씨는 오랫동안 노숙자를 도운 목사입니다. 그는 부친이 낯선 아저씨를 데리고 와서 "이 아저씨는 저기 공원에 있던 노숙자인데 오늘부터 우리 집에서 지낼 거야"라는 일이 일상적으로 일어나는 집에서 자랐습니다. 그래서 어려운 사람을 돕는 것은 그에게 있어 당연했습니다. 그 일에 어떤 이론적인 기초나 이데올로기를 동원할 필요도 없었습니다. 당신도 가풍의 성과가 아닐까요?

나가이　가풍이요? 제 경우는 정반대입니다. 저는 어린 시절 어머니에게 자주 맞았고 제 물건은 함부로 버려지고는 했습니다. 그때 저는 '이 집에서 힘 있는 사람은 사람을 때려도 되고 물건을 갖다버려도 되는구나'라고 생각했지요. 그리고 중학생이 되어 맞았을 때는 '특별히 어머니가 강하지 않다'는 사실을 알고 오히려 제가 어머니를 때리게 되었습니다. 심할 때는 멍투성이로 만들었죠.

우치다 이런, 도저히 인권옹호자의 모습이 아니네요.

나가이 아버지가 홀로 부임한 곳에서 돌아오면 어머니는 그간 있었던 온갖 얘기를 아버지에게 말했고, 아버지는 화를 냈습니다. 물론 저도 그런 아버지에게 반항했습니다. '아버지 같은 어른이 되면 끝장'이라는 생각에 아버지를 반면교사로 삼았습니다. '누구 돈으로 네가 먹고 지내고 있는가!'라는 말을 끊임없이 되풀이 들어야 했고요. 물론 제가 문제아였기는 했지만요.

우치다 '누구 덕에 네가 먹고사는가'라는 말은 부모로서 절대 해서는 안 되는 말입니다. 저는 부모님과 다툰 적이 없습니다. 제가 생각하거나 인생을 살아가는 방식이 부모님과 다르다고 느꼈을 때 서둘러 독립했기 때문입니다. 상대를 설득할 수 있을 것 같지도 않았고 설득당할 것 같지도 않았거든요. 부딪쳐봤자 서로 상처만 줄지 모른다는 생각을 하곤 벗어났습니다.

'윤리를 몸에 두르기' 위해서는 실제로 그 규범에 따라 살아가는 사람을 곁에서 보고 그 말씀을 듣는 수밖에 없습니다.

학교 교과목으로 지정된 '도덕'을 가르치는 교사가 도덕적인 사람이라 그 행동거지에 '사람다운 행동'이 자연스레 배어 나온다면 교육이 성립되겠지만, 가르치는 교사가 특별히 도덕적이지 않다면 교육서로 도덕을 가르치는 건 불가능합니다.

나가이	결국 '테레사 수녀님은 이런 사람이었다!'라고 아무리 말해도 도덕이나 윤리를 가르칠 수 없습니다. 테레사 수녀님이 특별히 도덕과 상관있는 분도 아니지만요.
우치다	전혀 상관없죠. 개중에는 도덕을 이해하는 계기로 테레사 수녀님을 들기도 하지만요. 인간의 윤리란, 역시 실존하는 사람에게 감화되는 것이기 때문이지요.
나가이	그래서 말하는 것인데요. 저는 정말이지 '인권'이라는 것을 외장용으로 장착한 사람입니다. 대학 1, 2학년 무렵에 평화학 수업을 들은 적이 있습니다. 그때 무엇이 행복인지, 타인이 무엇을 생각하는지 전혀 몰랐습니다. 진부한 얘기지만 모두가 말하는 정의도 옳음도 각기 다르다고 생각했습니다.
	그렇다면 무엇에 의지하면 좋을까를 생각했고 그 결과 '보편성이 높고 모두 뜻을 같이 할 수 있는 인권이 있다'는 결론에 이르렀습니다. 보편성이 높으면 인권침해는 명백한 문제!'라며 당당하게 한목소리로 주장할 수 있습니다. 그렇게 저는 좋든 싫든 인권이나 권리만 보는 사람이 되었는데, 이것은 정말이지 '외장형'이지요.
우치다	인권원리주의가 된 거군요.
나가이	실제로 노숙자가 눈앞에서 어려움을 겪고 있는 걸 보았을 때 '일시적인 도움이라도 괜찮을까?' 하고 생각한 적이 있습니다. 그 생각이 '500명 넘는 노숙자에게 장기적으로 도움을 주려면 어떻게 해야 할까?'까지 이어

진 후에야 허겁지겁 그 자리를 떠났습니다. 부끄러웠
습니다. '대체 나는 뭘까?' 하는 생각이 들었거든요.

우치다 　그때 '노숙자를 돕는 건 행정이 하는 일이다. 그래서 세
금을 내는 거다'라며 태연히 지나치는 사람도 있을 거
예요. 또 "난감하네. 사실 내가 뭐든 도와야 하는데 너
무 바빠서……"라며 마음속으로 갈등하는 사람도 있겠
죠. 저는 그걸로 충분하다고 생각합니다. 멈춰 도와주
지는 못했지만 '만사를 제치고 도와야 하지 않았을까?'
하고 갈등하는 건 사람으로서 너무도 자연스러운 일이
고 인간은 그렇게 윤리적으로 성숙해가는 존재이기 때
문이지요.

저의 철학 스승 에마뉘엘 레비나스Emmanuel Levinas는
사회적 공정의 실현을 정부에 전면적으로 맡겨서는 안
된다고 말합니다. 스탈린주의의 소련에서는 사회정의
를 실현할 책임과 권한을 전부 국가에 주었습니다. 시
민들은 사회정의를 실현할 의무를 면제받았고 자기판
단으로 사회정의를 실현할 권리도 빼앗겼습니다. 따라
서 눈앞에 어려움을 겪는 사람이 있다면 행정에 맡기
고 '도와주세요'라고 말하면 충분합니다. 제 돈을 들일
일이 아닌 거죠. 스탈린주의는 선의에서 출발했지만,
윤리적으로 퇴보했다고 레비나스는 말합니다. 정의나
평등의 실현을 국가가 짊어진 시스템에서는 시민들은
도덕적으로 행동할 필요가 없습니다.

그것은 신이 세상을 완전히 지배하는 세계와 같습니다. 신이 모든 것을 내려다보고 착한 행동에는 보상을, 나쁜 행동에는 처벌을 틀림없이 내리는 시스템이라면 인간은 선행을 하거나 악행을 비난할 동기가 사라집니다. 끼니를 거른 사람이 눈앞에 있어도 '신이 어떻게든 해줄 테니 괜찮다'는 식이고, 눈앞에서 어떤 부정이 벌어져도 '악인은 곧 신에게 벌 받을 테니 나는 아무것도 안 해도 된다'고 생각하기 때문입니다. 공적인 존재나 초월적인 존재가 개인을 대신하여 정의와 자애를 실현하는 사회에서는 인간은 그것을 자기 일로 여기지 않습니다.

따라서 인권이 보호받는 사회를 만드는 일은 매우 중요하지만, 공적 기관에 의해 인권이 온전히 지켜지는 사회에서 개인은 타인의 인권을 배려할 의무를 면제받습니다. 인권을 생각할 필요가 없어집니다. 이 같은 역설을 머릿속에 담아주는 게 좋습니다.

나가이　분명 갈등하는 태도가 진지하다는 건 머리로도 가슴으로도 알고 있습니다. 그러나 아무리 갈등한들 문제는 여전히 거기에 존재하죠. 그 문제를 어떻게 받아들여야 할지를 생각해야만 합니다. 무언가가 좋아지려면 100년, 1000년이 걸립니다. '한 걸음씩 나아가면 되지 않는가'라는 말도 하는데, 그건 이미 우리도 잘 알고 있습니다. 물론 어떤 문제에 대해 어쩔 수 없다며 마치 없었던 일처럼 털어버리는 것도 이해가 되지는 않지만, 사회가 좋아지는 데 1000년이 걸린다면 솔직히 그래도 되지 않을까 싶습니다.

우치다   아니죠. 없었던 일로 만들어서는 안 됩니다. 갈등한다는 건 결국 스스로 이해되지 않는다는 의미이니까요.

나가이   아무리 갈등해도 실제로 그 문제를 해결할 수 없다면 의미 따윈 없는 게 아닐까요? 지금 여기서 그 문제의 해결을 생각하기도 하고요.

우치다   소크라테스도 말했지만 우리는 그 해법을 알면 그것을 '문제'로 의식하지 않습니다. 반대로 해법이 전혀 떠오르지 않는 것도 '문제'로 의식하지 않습니다. 우리가 '문제'라고 생각하는 것은 아직 해법은 모르지만, 지금부터 시간을 들여서 노력하면 어느 사이엔가 해법을 찾아낼 것 같기 때문입니다. 따라서 당신이 어떤 걸 '문제'로 인식한다는 것은 손끝이 그 해법에 닿았다는 걸 실감하고 있기 때문일 것입니다. 아직 어떻게 풀지는 모르지만, 시간을 들여 경험을 쌓는다면 알 수 있을 것 같은 그런 상태에 있는 것입니다.

당신이 노숙자를 보고 갈등하는 것은 '자신의 힘으로 이 상황을 어떻게든 도울 수 있을지 모른다'고 생각하기 때문입니다. '해결할 방도가 어딘가에 있는 것만 같다'고 느끼는 것이죠. 해결 가능성을 직감하고 있습니다. 도무지 자신이 감당할 수 없다고 생각했다면 애당초 그 노숙자는 시야에 들어오지 않습니다. 무력한 사람은 자신에게 '힘이 없다'는 사실조차 알지 못합니다. '내게는 힘이 부족하다'고 생각한다는 건 사실 조금은 힘이 있기 때문입니다.

당신이 앞으로 힘을 키우면 그들을 언젠가는 어떻게든 도울 수 있을 거라고 직감적으로 확신하는 것입니다. 지금은 그리 서두르지 말고 '어떤 힘을 키우면 이 문제를 해결할 수 있을지'를 생각하면 됩니다.

나가이 소말리아 사태가 벌어졌을 당시 '전례 없는 인류의 비극'이라고 떠들어대면서 동시에 소말리아를 '지구에서 가장 위험한 곳'이라고 칭했습니다. 그래서 일본의 대다수 사람은 소말리아를 돕기는 힘드니, 먼저 영어 실력을 키워 전문지식을 쌓아라, 10년쯤 경험을 쌓으라고 말했습니다.

그 말이 진실일지는 모르지만, 그렇다면 그 10년간 저는 어떤 얼굴로 소말리아를 봐야 할까요? 영어 실력과 전문지식이 있는 데다 경험도 충분한 사람들은 위험하고 돈이 없다는 이유로 그들을 돕지 않습니다. 결국 이것은 태도의 문제라는 생각에 이르렀습니다.

우치다 개인에게는 한계가 있기에 절충하는 수밖에 없습니다. 하지만 죽는다면 모든 게 끝이죠. 만일 이 세상에 조금이라도 더 좋은 일을 많이 하고 싶다면 '오래 사는' 것도 꽤 중요할 것입니다.

나가이   끊임없이 갈등하고 순간순간 최선을 다하는 게 중요할
         지 모릅니다. 그런데 실제로는 어떨까요? 지금 당장 세
         상에 있는 모든 인권침해와 분쟁을 없애자고 해도 쑥
         스러움에 나서지 못하는 것도 사실입니다. 따라서 쑥
         스럽지만 가까운 미래를 내다보고 최선을 다해야 할
         것입니다.

집단적 지성의 힘

우치다   중요한 점은 '집단으로 행동하는 것'입니다. 예컨대 지성은 개인적인 것이 아닌 집단적인 것이어야 합니다. 집단적인 지성이 아니라면 그것은 제 기능을 하지 못합니다.

    '지성이 있는 사람'은 지성이나 정보가 풍부한 개인이 아닌 그 사람이 자리에 있기만 해도 주위 사람들의 지적 성과가 향상되고 연이어 아이디어가 나오거나 창의적인 행위를 불러오는 사람을 말합니다. 반대로, 아무리 명석한 달변가라고 해도 그 사람이 오면 모두의 마음이 어두워지며 조용히 입을 다물어버리고 지혜가 전혀 나오지 않는다면 저는 그를 '지성이 없는 사람'이라고 생각합니다. 지성이라는 것은 집단적인 방식으로 작동하기에 주위 사람의 지성이 발동하는 걸 방해하는 사람은 없는 게 낫습니다.

'인권을 지키는' 것도 혼자서는 실현할 수 없는 거대한 일입니다. 따라서 집단으로 행동하는 수밖에 없습니다. 개인은 집단 전체가 '인권을 지키는' 마음가짐을 가지도록 어떤 흐름을 만들고 고취할 방법을 생각하는 것입니다.

예컨대 인권주의자 중에는 때때로 몹시 남 탓을 하는 사람이 있습니다. 인권이 지켜지지 않는 건 누구의 책임이라는 식으로 문제를 제기합니다. 그리고 인권을 지키기 위해 해야 할 일들을 리스트로 장황하게 작성해 인권주의자의 허들을 자꾸만 높입니다. 그런 원리주의적인 인권옹호자일수록 '미비하더라도 자신이 할 수 있는 일을 하자'고 생각하는 사람에게 엄격한 태도로 심사하듯 잣대를 들이댑니다. 그토록 요구수준이 높다면, 다소 무리일지 모르지만 어떻게든 돕겠다고 나선 사람들이 서둘러 물러섭니다. 결과적으로 인권을 지키려는 사람의 숫자는 차츰 줄어 집단의 윤리적인 행위의 절대량은 감소합니다. 결국 그 사람은 인권 옹호를 방해하고 있는 것입니다. '이런저런 조건을 갖추지 않은 사람은 이 활동에 관여할 자격이 없다'는 원리주의는 말할 때는 근사해 보이고 논리적으로도 그럴듯해 보입니다. 하지만 같은 뜻으로 모이는 사람들은 줄어듭니다. 그래서 결국 가장 어려움을 겪는 건 도움이 필요한 사람들이죠. '어떻게 하면 모두 조금이라도 행복해질까?'는 구체적이지 않습니까? 그러니 혼자서 자신의 그릇이나 능력에 따라 할 수 있는 일을 할 수 있는 만큼 하는 게 좋을 것입니다.

나가이   그러고 보니 저 역시도 늘 개인적인 차원에서 고민했습니다. 그리고 고압적인 인권옹호자에 대해서도 잘 알았습니다. 어쩌면 저도 반성해야 할 것 같습니다. 그런데 우치다 선생님은 언제부터 그렇게 생각하시게 되었나요?

우치다   대학에서 교편을 잡았을 때요. 마흔 무렵일까요. 막 교수가 되었을 무렵에는 열의로 가득해 '교실에 있는 모든 학생에게 내 생각을 전하자'고 생각했습니다. 그런데 아무리 열심히 떠들어대도 제대로 듣는 학생은 고작 20~30퍼센트일 뿐, 나머지는 그저 멀거니 보거나 잡담하거나 졸더군요. 처음에는 "왜 내 이야기를 들어주지 않는 거지!" 하고 몹시 화가 났는데 어느 시기부터 '20퍼센트의 학생들이 들어주니 그걸로 됐다'는 생각이 들더군요. 비록 제 수업에서 조는 학생일지라도 어쩌면 다른 교수님의 다른 수업에서는 눈을 반짝이며 듣고 있을지도 모르니까요. 교수들 모두가 교육을 분담하고 있으니까요, 제 수업을 듣는 학생이 20~30퍼센트나 있다면 그것으로 충분하다고 생각했죠.

고베여자원은 창립한 지 150년이나 되는 학교라서 때

때로 세상을 떠난 졸업생이 남긴 거액의 유산이 기부로 들어오기도 합니다. 평생토록 저금한 돈일 때도 있고 부동산이기도 합니다. 경리부장에게 이 같은 보고를 들을 때마다 '받아도 되나?' 하는 생각이 듭니다. 왜냐하면 그 사람이 졸업한 건 지금으로부터 60, 70년 전의 일로, 그녀들을 가르친 선생님들은 이미 세상을 떠났습니다. 우리는 그 선생님들의 이름조차 알지 못합니다. 무엇을 가르쳤는지도 모르고요. 그들에 대한 감사의 증표로서 들어온 기부를 우리가 받아도 되는지 생각했습니다. 하지만 이내 받아도 좋겠다는 생각이 들었습니다. 왜냐하면, 지금 우리가 하는 교육이 좋아 우리 학생 중 누가 70년 뒤에 모교에 기부한다면 그때의 교사들 역시 우리의 이름도 우리가 어떤 것을 가르쳤는지도 모를 테니 말입니다. 또한 그녀들은 그때 받은 교육 덕에 풍요로운 인생을 살았다는 감사하는 마음으로 기부하고 있는 거지요. 그래서 좋습니다. 그렇게 다음 세대에 선물을 보내는 것이죠. 교사들은 집단으로 교육합니다. 시대를 뛰어넘어 '교사 집단'을 형성하고 교육의 주체가 됩니다. 개인이 아니고 동시기에 재직한 교사들만도 아닙니다. 과거 이 학교 교단에 섰던 교사 모두와 앞으로 여기에 서게 될 모든 교사, 이미 세상을 떠난 이들과 아직 태어나지 않은 이들이 함께 하나의 집단을 형성하고 교육을 맡습니다. 그런 식으로 생각하게 되었습니다. 팀으로 교육 활동을 맡으니 저 혼자 애쓸 필요 없다고 말이지요. 그렇게 생각을 고쳐먹으니 스트레스가 대폭 줄었습니다. 학생에게 '나만이 가르칠 수 있는 것'을 가르치게 되었고, 졸고 있는 학생들에게도 '느긋하게 쉬어도 좋다'는 넓은 마음을 가지게 되었습니다. 그랬더니 학생들이 졸지 않더라고요.

당신이 하는 약자에 대한 지원이나 의료와 교육의 제공도 규모가 큰 사회적 사업입니다. 따라서 개인이 할 수 있는 게 아니지요. 어떻게 하면 한 사람이라도 더 당신이 하는 사업에 동참하게 만들지를 생각하면 좋을 것입니다. 그러기 위해서는 '자신만이 할 수 있는 일'을 해야 합니다. 그리고 '자신의 손이 미치지 못하는 일은 다른 사람이 해주니 괜찮다'는 믿음을 가집니다. 그러면 기분이 좋아질 것입니다. 의무감이나 사명감으로 하면 아무래도 표정에서부터 딱딱함이 드러납니다. 그러면 아무도 다가오지 않습니다. 여하튼 스스로 기분 좋게 일하는 게 제일 중요합니다. 그것이 가장 강한 흡인력을 발휘해 사람들을 이끌어옵니다. "대체 무슨 일을 하는 거지?" 하며 호기심을 느끼도록 만드는 것이죠.

집단적 지성을 키우는 감정의 그릇

나가이   이야기가 원점으로 돌아가는데요, 우치다 선생님이 말
         씀하신 '감정의 그릇'이란 '사람이나 사물을 보는 눈'이
         기도 한데, 이성과는 다른 것인가요?

우치다   이성과는 다릅니다. 역시 '감정의 그릇'은 개인적인 신
         체 조건 같은 것이니까요.

나가이   '감정의 그릇'을 크게 키운다는 것은 '외장형으로 장착'
         하거나 가정환경 이외의 것으로 만들 수 없을까요? 왜
         냐하면 따로 장착하는 것이 내키지 않는 사람도 있을
         테고, 가정이 붕괴된 사람도 있을 테니까요.

우치다   여하튼 그릇이 큰 사람을 찾아 그의 제자가 되거나 친
         구가 되면 좋지 않을까요? 자신의 그릇을 조금이라도
         더 크게 키우고 싶다면 실제로 그릇이 큰 사람과 친해
         질 수밖에 없습니다. '그릇이 큰 사람은 이렇게 숨쉬는

구나', '이렇게 코를 푸는구나'라고 말이지요. 곁에서 그 사람의 행동과 말을 보고 듣고 흉내 냅니다. 그것은 책으로는 배울 수 없습니다.

나가이 　우치다 선생님은 어떠셨어요?

우치다 　합기도 스승인 다다 히로시多田宏 선생과 철학 스승인 에마뉘엘 레비나스 선생 밑에서 배웠습니다. 두 분 모두 정말이지 그릇이 큰 스승님이었습니다.

나가이 　그렇다면 집단적 지성을 높이기 위해서는 어떻게 하면 좋을까요?

우치다 　평범하게 하면 되지 않을까요? 감정의 그릇이 큰 사람이 있다는 사실을 세상에 보여주는 게 가장 빠른 길이 아닐까요. 그런 사람을 보면 '나도 어쩌면 저 사람처럼 될 수 있을지 모른다'는 생각을 하게 되니까요. 한 번도 본 적 없다면 그런 생각은 하지 않습니다. 인간이 100미터를 9초대로 달리는 것은 무리라고 생각했지만, 누군가 9초대로 돌파하면 뒤를 이어 계속 그런 사람이 나타나듯이 말입니다. 높은 성과를 가진 사람이 할 수 있는 가장 좋은 일은 인간에게 한계란 없다는 걸 보여주는 것입니다. 그것을 보고 '그럼 나도!'라고 생각하는 사람이 나옵니다.

당신이 하는 일도 그렇습니다. 당신을 보고 장차 아프리카나 아시아를 돕기 위해 나서는 젊은 사람들이 뒤를 이어 나타날 것입니다. 그건 당신이 할 수 있다는 걸 보여주었기 때문입니다. '이런 일을 해도 되는구나. 하면 되는구나'라고 느끼면 당신을 따르는 사람이 나타날 것입니다.

'공감'과 '측은지심'의 차이점

나가이   다시 '공감'과 '측은지심'의 차이에 대해 생각해보고 싶
            습니다. 몇 년 전 터키 해안에 시리아 난민인 3세 남자
            아이의 주검이 파도에 떠밀려온 일로 전 세계가 충격
            을 받았는데, 그것은 측은지심이었을까요?

우치다   어느 정도는 그렇지 않을까요. 어린아이였으니까요.
            만일 그 사람이 수염 난 아저씨였다면 보통 그렇게까
            지 큰 반향을 일으키지는 않았을 거예요. 포유류인 우
            리의 본능에는 '동종의 어린 생명을 보면 돕자'는 의지
            같은 게 각인되어 있습니다. 사자도 어린 새끼고양이
            가 다가오면 젖을 물린다고 합니다. 아기는 굉장히 귀
            여운데 귀엽지 않다면 살아갈 수 없기 때문이지요. 귀
            엽고 사랑스럽기에 주위의 도움을 받을 수 있는 거죠.
            아기를 보면 다들 '무엇이든 해주고 싶다'고 생각하는

데 그것은 본능입니다. '측은지심'이란 상대가 고양이든 개든 상관없이 발동합니다. 그 점이 '공감'과는 다릅니다.

나가이 공감이라는 것에는 '의식' 같은 게 들어 있는 것인가요? 본능이나 반사가 아니고요.

우치다 그럴 겁니다. 공감은 본능이나 반사가 아닙니다. 왜냐하면 '이 사람과 공감한다'는 건 본인이 그렇게 생각하고 있을 뿐이니까요. 정말로 타자와 마음이 통하는가에 대해선 누구도 확증할 수 없습니다. 그래서 공감이나 이해를 근거로 인간관계를 구축하는 건 위험하다고 말하는 것입니다. 그보다는 '공감도 이해도 할 수 없지만, 눈앞에 어려움을 겪는 사람이 있다면 일단 돕는다'는 규칙이 범용성이 높고 잘못될 일도 적습니다.

그래도 인간은 본능만으로 살아가지 않습니다. 공정한 사회, 폭력에 굴하거나 굴욕감을 맛보지 않고 살 수 있는 사회를 만들고자 한다면 분명 측은지심만으로는 부족합니다. 그건 시작에 불과합니다. '측은지심은 인(仁)의 실마리'라고 말한 맹자의 말처럼 그것이 출발점입니다. 거기서 끝내서는 안 됩니다. '아기처럼 귀엽지 않은' 타자를 돕는 일은 본능에만 기댈 수 없습니다. 좀 더 논리적이고, 제도적으로 보강하고 도움을 줄 발판을 만들어야 합니다.

나가이 발판을 만들고 여러 가지를 보강하기 위해서라도 가장 토대에 두어야 하는 것은…….

우치다 측은히 여기는 마음이지요.

나가이 그런 거군요. 제가 생각하기에 기능적으로 보면 정동적인 '공감'은 가엽다거나 눈물이 날 것 같다는 마음에서 그치기 쉽습니다. 우치다 선생님이 말씀하시는 '측은지심'은 행동까지 포함하는군요.

우치다 그렇습니다. 집단은 '약한 사람'을 지지하고 돕는 작용을 할 때 가장 높은 기능을 발휘하는 법입니다. 실제로 강자들만이 연합을 만들어 약자를 잘라내 보면 알게 됩니다. 그런 집단은 곧 소멸하게 된다는 것을요. 누구나 때때로 병에 걸리고 다치기도 하고 언제인가는 나이를 먹어 타인의 도움 없이는 살아갈 수 없게 됩니다. 그런 사람을 거치적거린다며 배제한다면 집단은 점차 피폐해져 마지막에는 모든 것을 잃게 될 것입니다.
집단이든 개인이든 약자를 지원하는 시스템을 심어놓지 않으면 존속할 수 없습니다. 약자를 지원하는 시스템을 철저히 정비한 집단이 그렇지 않은 집단보다 강합니다. 무도武道에서도 '아기를 안고 있는 자세'가 가장 강합니다. 검도든 공수도든 기본 동작을 보면 '아기를 품에 안고 있는 자세'가 있습니다. 안은 부드럽지만, 바깥은 견고하고 강합니다. 안정되어 있지만 자유로워 가동역이 넓습니다. 포유류에 자신의 새끼를 지킨다는 것은 종으로서 최우선 과제이기 때문에 아기를 지킬 때 가장 강하도록 진화한 것은 당연합니다.

나가이 원리로서 '측은히 여기는 마음'이 할 수 있는 걸 이해하고 거기서 차근차근 쌓아가는 수밖에 없겠네요.

우치다 그렇습니다. 자신의 가족밖에 공감하지 못하는 상태에서 지구인이나 국가의 성원, 동포라는 식으로 점차 공감의 범위를 넓혀가는 것입니다. 시간을 들여서 조금씩, 조금씩 확대해가는 거지요. 최종적으로는 '생명을 가진, 모든 살아 있는 게 우리의 동포다'라는 데까지 이르면 종교적 깨달음까지 얻게 될 것입니다. 거기까지 가는 게 목표입니다. 그것을 목표로 계속 나아가다 도중에 숨이 멎는다고 해도 좋지 않을까요.

합의 형성을 주도하는 확고한 각오

나가이　우치다 선생님께 묻고 싶습니다. 우리는 '공감'을 좀 더
　　　　잘 사용할 수 없을까요? 측은히 여기는 마음은 오늘 처
　　　　음 알았지만, 공감은 제법 사회에서 키워드가 되어 있
　　　　다고 생각합니다.

우치다　저는 '공감'이라는 말에 경계심을 가집니다. 지금 일본
　　　　은 '공감 과잉의 사회'가 된 것 같습니다. 공감할 수 있는
　　　　사람들끼리 뭉쳐 동질적인 집합적 공감 같은 것을 만든
　　　　바람에 외부인과의 의사소통이 어려워졌습니다.

나가이　이른바 '에코 체임버Echo Chamber•'나 '필터 버블Filter

● 인터넷 공간에서 자신과 유사한 생각을 가진 사람들과만 소통하면서 점차
　편향된 사고를 갖는 현상을 비판적으로 이르는 말.

Bubble**'이라 불리는 현상 말씀이시군요. 저도 그 말씀에는 동감입니다. 매우 언짢은 일이라고 생각해, 그 문제의식에 바탕을 둔 〈공감에 항거하라〉라는 글을 연재하기도 했습니다.

우치다   공감을 강제한 탓에 사람들의 마음이 몹시 흐트러져 있는 듯합니다. 예전에 대학에서 학생들에게 보고서를 쓰라고 했더니 13명의 학생이 '저에겐 의사소통 장애 Communication Disorders가 있습니다'라고 써왔더군요. '의사소통 장애'는 요즘 젊은 세대가 흔히 쓰는 말인 것 같습니다. 학생들은 옷이 예쁘다거나 어느 빵집의 케이크가 맛있다는 정도의 이유만으로 격하게 고개를 끄덕이며 동의하고 심지어는 펄쩍 뛰며 하이파이브를 하곤 합니다. 공감하는 척 과장되게 행동하는 거지요. 아무래도 스스로 '의사소통 장애'라고 말하는 학생들은 공감하지 못하는 자신에게 사회적 능력이 결여돼 있다고 생각하는 것 같습니다. 자신은 고도의 공감은 할 수 없지만 저 공감의 울타리 안으로 들어가야 한다고 말이지요. 결국 그 소란스러운 모습을 '공감하고 있는 상태'로 보는 거지요. 그러나 그 작위적인 공감의 울타리 안에 있는 학생들 한 사람, 한 사람은 꽤 고독하지 않을까요. 저렇듯 연기하지 않으면 친구로 받아주지 않으니까요.

** 인터넷 정보 제공자가 이용자에게 맞춤형 정보를 제공함에 따라 선별된 정보에 둘러싸이게 되는 현상.

제 친구가 '아무에게도 말할 수 없는 자신의 비밀'이라는 주제로 대학에서 익명으로 설문 조사를 했습니다. 그랬더니 100명 중 15명 정도가 '지금 사귀는 친구가 싫다'고 답했다고 합니다. 그런데 왠지 알 것 같습니다. 작은 집단에서 '연기적인' 공감을 강요받고 어떤 화제든 '맞아, 맞아'라며 고개를 끄덕이고 100퍼센트의 공감과 이해를 표현하지 않는다면 친구로 있을 수 없는 거지요. 그건 심리적으로 강한 스트레스를 가져옵니다.

그런 일은 특별히 여학생에 국한되지 않습니다. 중년의 아저씨, 아줌마도 똑같지 않을까요. 마음속으로는 경멸하거나 혐오하면서 겉으로는 과도하게 공감을 연기하지 않으면 친구로 지낼 수 없는 상황은 꽤 위태롭습니다. 그보다는 때때로 '죄송한데, 무슨 말인지 이해가 되지 않습니다'라거나 '좀 더 구체적인 예를 들어주세요'라고 말해도 허용되는 커뮤니케이션이 건전하지 않을까요. 특별히 모든 것에 동의하지 않아도 중요한 점이 대략 일치한다면 그것으로 충분히 함께 일할 수 있으니까요.

이해도 공감도 하기 어려운 사람이라도 약속을 잘 지키고 정해진 규칙에 따른다면 한 팀을 꾸리거나 함께 큰 프로젝트도 해낼 수 있습니다. 100퍼센트 공감할 수 없다면 아무것도 할 수 없다고 생각하기보다 완벽히 공감할 순 없지만 안심하고 같이 일할 수 있는 게 더 낫지 않을까요. 집단으로 살아가는 데 있어 '이런 규칙으로 하자'는 계약을 체결했다면 그것을 철저히 지키는 사회성을 가진 사람이 끈적거리는 공감만 가진 사람보다 훨씬 중요합니다. 공감이나 이해는 타자와 협동하기 위한 절대 조건이 아닙니다.

결혼도 다르지 않습니다. 결혼이 100퍼센트의 공감과 이해 위에 세워져야 한다면 정말이지 큰일입니다. 사소한 일로 한차례 삐걱거리고 그 일로 '우리는 마음이 통하지 않는다'고 생각하면 곧 이혼해야 하기 때문입니다. 그래서는 안 되는 일이지요. 아내에게 '전면적인 공감' 같은 걸 요구하지 않습니다. 특히 저처럼 이상한 남자를 이해해달라고 말하는 건 너무 미안한 일이니까요.

나가이   계약으로 합의를 만들고 개인보다 집단으로 생각하자는 말씀이죠? 저는 원래 집단 안에서의 합의 형성이란 '공감하지 않을 자유'가 있는 이상은 법적 틀 안에서 이뤄지는 수밖에 없다고 생각했습니다. 예를 들어 '인권은 권리로서 정해져 있기에 의무적으로 모두 철저히 존중하자'고요.

그러나 역시 정도의 문제일 것입니다. 그렇다면 시민 사이에서 하의상달식Bottom-Up•으로 합의를 이루는 게 좋을까요? 아니면, 어떤 방식이 좋을까요? 하의상달식으

• 하급자가 상급자에게 의사를 전달하는 방식으로써 보고, 제안제도, 직원의 의견조사, 면접 등이 해당된다.

로 합의를 이루기 위한 핵심 포인트에는 무엇이 있을 까요?

우치다　각자 입장이라는 게 있지만 합의하거나 대화하기 위해 서는 일단 그 입장에서 벗어나야 합니다. '집단 전체로 서 무엇이 가장 좋은가?'라는 물음에 대해 함께 지혜를 모으는 것입니다. 그런 합의 형성의 훈련은 좀 더 어린 시절부터 하는 게 좋습니다.

착각하는 사람이 많은데, 합의 형성이란 '누군가 옳은 의견을 말하고 주위 사람들을 설득하여 그 의견에 따 르는 것'이 아닙니다. 그것이 아니라 '모두가 비슷하게 만족스럽지 못한 답을 내놓는' 것입니다. 모두가 비슷 하게 불만이라는 것이 '타협점'입니다. 그것을 착각하 여 합의 형성을 '전원의 의견이 일치하는 것'이라고 생 각합니다. '윈윈' 같은 건 억지입니다. 그런 기적적인 답은 일단 보통 없습니다. 합의 형성으로 여하튼 목표 로 하는 것은 '모두의 불만도를 일정하게 맞추는' 것입 니다. 누군가 정답을 말하고 설득하든 다수결로 결정 하든 그 답에 따르게 만드는 것이 아닙니다. 모두 '내 말도 이상하지만, 다들 이상하다'고 생각하는 데서 출 발하여 누군가 확연히 손해 보는 일 없는 답을 찾아내 는 것입니다. 그게 합의 형성입니다.

법사회학자 가와시마 다케요시川島武宜가 《일본인의 법 의식日本人の法意識》이라는 흥미로운 책을 썼는데, 거기서 일본의 전통적 합의 형성의 방법 중 하나를 소개하고 있습니다. 가부키에 《산닌키치사 구루와노 하쓰가이三人吉三廓初買》라는 공연 목록이 있습니다. 오죠키치사お嬢吉三라는 악인이 요타카夜鷹 (거리의 창부)를 죽이고 100량을 손에 넣습니다. 그것을 보고 있던 오보키치사お坊吉三라는 도적이 그 돈을 뺏으려 하자 두 악인은 엉겨붙어 서로를 죽이려 합니다. 그것을 또 다른 도적 오쇼키치사和尚吉三가 끼어들어 싸움을 중재합니다. 이때 어떻게 문제를 수습하는가 하면 "100량을 반으로 나눠 50량씩 가져라. 하지만 그걸로는 부족할 테니 대신에 내 양팔을 잘라 하나씩 받아라. 그러면 마음이 진정되지 않겠는가?"라고 제안합니다. 이 제안에 감동한 두 도적이 그와 의형제를 맺는다는 얘기입니다.

이런 얘기는 옛날부터 있었습니다. 합의 형성에 이르기 위해서는 모두가 비슷비슷한 정도의 불만족스러운 답을 찾아야만 합니다. 그리고 합의를 주도하는 사람은 가장 큰 '자기 부담'을 각오해야 합니다. 《산보이치료존三方一両損》에서 오오카 에치젠大岡越前이 내놓은 1량도, 《산닌키치사》에서 오쇼키치사가 내놓는 양팔도 본래라면 그들이 그런 걸 내놓을 의리는 없습니다. 그러나 그것을 '꺼내놓을' 확고한 각오를 보임으로써 합의 형성을 주도할 수 있다는 얘기입니다.

현대인은 그런 합의 형성의 중요성을 이미 잊었기 때

문에 '가장 옳은 의견에 모두가 따라야 한다'고 생각합니다. 합의 형성은 'Lose-Lose-Lose'라는 '세 사람의 1량 손해'인 것입니다. 따라서 '어쩔 수 없으니, 이걸로 화해할까'라며 혀를 차며 끝내는 게 가장 좋습니다. 마지막에 모두가 만세를 부르는 모습을 기대해선 안 됩니다.

나가이　이해됩니다. 의견의 우열을 경쟁하는 게 아닌 거지요. 오히려 플러스를 지우고 마이너스를 평등하게 하는 거군요.

우치다　우열을 따지는 건 쓸데없습니다. 실제로 의견이 대립하는 이상 거기에는 그런 의견을 가지게 이른 개인의 역사가 있고, 거기에 이르지 못하는 사정이 있습니다. 그걸 어느 정도는 인정해야 합니다. 모두에게 빼도 박도 못하는 사정이 있다는 걸 인정하는 것으로밖에 조정이 안 됩니다. 당신도 분쟁 조정이라는 일을 하고 있으므로 이미 알고 있을 겁니다.

꾸준한 호흡은 최선의 성장

나가이 　'개인이 갖는 감정의 그릇에는 한계가 있지만 모두 비슷하게 힘내는 게 아니라 사회 전체가 힘내야 한다'는 말씀은 분명 옳습니다.

우치다 　혼자서 온 힘을 다할 뿐이라면 늘 무력감에 부딪히게 될 것입니다. 혼자 하는 데는 한계가 있어서 혼자만 무언가를 하려면 절망적인 기분이 됩니다. 그건 당연합니다. 따라서 다른 사람과 연결되어야 합니다. 그러나 연결되기 위한 방법은 '공감'이나 '연대'나 '단일'이 아닙니다. '각각의 장소에서 자신에게 할당된 일을 해내는' 것입니다.

　암흑 속에서 홀로 적진을 향해 총을 쏘고 있을 때 멀리서 누군가 똑같이 적진을 향해 총을 쏘는 총구가 보인다면, '싸우고 있는 건 나 혼자가 아니다'라는 생각에

계속 싸울 힘이 생깁니다. 그건 공감이 아니죠. 상호이
해도, 동지로서의 연대도 아닙니다. '나도 노력하고 있
지만 저기서도 누군가 애쓰고 있다'는 인식일 뿐입니다.
그러나 그것만으로도 사람은 훨씬 강해질 수 있습니다.
물론 혼자서도 문제를 너끈히 해결할 수 있을 만큼 강
해지면 그보다 더 좋은 일은 없겠지만, 원리주의적으
로 모든 사람에게 '노약자에게 자리를 양보하라!'고 말
하지 않습니다. 중학생이라면 충분히 말할 수 있지만
상대가 야쿠자라면 일단 한발 물러서지요. 그건 어쩔
수 없습니다. 그때는 '좀 더 강해지자'고 생각합니다.
그 방향성을 가지고 조금씩 노력합니다. 그걸로 충분
합니다.

나가이   원리주의적으로 지나치게 생각하지 말고 조금은 홀가
분해지자, 후덕해지자는 것이군요.

우치다   그렇습니다. '사람으로서의 조건'을 내거는 건 결코 좋
지 않습니다. '인간의 조건'을 충족하는 사람이 줄어들
따름이지요.

나가이   미코시바 요시유키 선생님은 머리로 알고 있지만 정작
몸이 움직이지 않는 것은 조금도 이상한 이야기가 아
니라고 하셨습니다. 그런데 자꾸만 인간으로서의 책임
을 운운하게 됩니다. 같은 인간이라 때때로 배타적이
고 공격적인 태도를 취하게 된다는 걸 잘 압니다.

우치다   오랫동안 일하고 싶다면 일을 호흡하듯 해야 합니다.

자신의 능력을 훌쩍 뛰어넘는 목표를 내걸지 않습니다. 매일 삼시 세끼를 먹고 목욕을 하고 여덟 시간 동안 잠을 자고 가정을 꾸리고 생계를 일구고 때로는 한숨 돌려 놀면서도 충분히 할 수 있는 일을 하는 거지요. 매일 꾸준히 할 수 있는 일이 어느 사이엔가 우리를 가장 멀리까지 데리고 가줄 것입니다.

*이 대담은 〈아사히신문 디지털&M〉에 게재된 〈공감에 항거하라〉의 원고를 가필하고 수정했다.

글을 마치며

이 책에서는 공감의 부정적인 측면을 고찰하는 동시에 공감으로는 대응할 수 없는 문제에 대하여 어떻게 대처하면 좋을지 소소한 생각들을 풀어놓았다.

책머리에서도 말한 바와 같이 나는 공감에 관해 연구하는 사람도 또 전문가도 아니기에 이 책은 학술서도 아니고 펜을 잘못 놀린 부분도 있을지 모른다. 또 아무래도 쉽게 전하고자 하는 마음 때문에 분쟁 묘사를 필두로 복잡한 문제를 간결히 그리기도 했다. 덧붙여 말하면, 마지막 장에서 다룬 자기인식은 한정된 지면이라는 사정상 충분히 설명할 수 없었다. 다시 기회가 주어진다면 다음번에는 좀 더 자세히 검토할 수 있기를 기대한다.

이 책에서 어딘가 비판적으로 다룬 활동이나 단체가 있지만 어디까지나 공감과 관련된 문제에 대한 설명으로, 그들을 비판할 의도는 없다. 만일 마음이 상한 분이 있다면 모쪼록 사과 말씀을 드린다.

지금 나는 어떻게 타자와 연대하여 사회와 세상을 더 좋게 만들어가야 하는지를 고민하고 있다. 이 책이 그 계기가 되어 여러분과 공감에 대해 생각할 기회가 되면 좋겠다.

돌이켜보면, 아사히신문 디지털에서 〈공감에 항거하라〉를 연재했던 것은 공감에 대한 내 사고가 깊어지는 큰 터닝포인트였다. 글을 연재하는 동안 내 생각도 한 겹 두 겹 쌓여갈 수 있었고, 물론 독자 여러분의 댓글도 하나하나 챙겨 읽었다.

연재하면서 많은 분에게 도움을 받았는데, 특히 곁에서 도움을 준 편집자 시모모토 요下元陽 씨에게는 무슨 감사의 말씀을 드려야 할지 모르겠다. 〈공감에 항거하라〉라는 제목 또한 우에노 카페에서 이야기를 나눌 때 나왔던 '공감에 항거해야 한다. 세계평화를 생각한다면 그게 중요하다'는 말에서 가져왔다.

그 연재를 간키출판의 쇼지 렌庄子錬 씨가 보시고 공감에 관한 책의 기획을 제안해주셨다. 그것이 이 책이 되었다. 그러나 여러 가지 일들로 몹시 바쁜 시기여서 첫 번째 원고는 그냥 그런 수준이었는데 편집을 맡아주신 쇼지 씨가 싫은 내색 하나 없이 웃는 얼굴로 칭찬해주신 덕에 한 권의 책으로 완성할 수 있었다. 《나는 소말리아 갱과 꿈을 이야기한다》도 《나는 13세, 임무는 자폭 테러》도 그렇지만 내게 좋은 편집자를 만나는 행운이 있었던 것 같다. 또한 대담을 중심으로 편집하라는 둥 여러 조언을 해주신 나카노 게이中野慧 씨에게도 깊이 감사한다.

더 거슬러 올라가면 《다타미카타たたみかた》라는 사회문예지 편집부의 미네 가요코三根かよこ 씨와 세기 고야瀬木こうゃ 씨에게도 감사한다. 처음 만났을 당시에 나는 학생이었는데 그런 나의 생각에 관심을 갖고 NGO 활동뿐 아니라 철학적 단서를 주는 등 함께 깊은 사고를 해주었다. 그리고 그 관계 속에서 사상 관련 신문 서평을 쓰게 되었다. 《다타미카타》 편집부에게는 철학책을 출간하자는 제안을 받아 앞으로 어떻게 전개될지도 꽤 흥미롭다(물론 나 자신이 생각해야만 하겠지만).

내 사고의 원점에는 와세다 대학 문학학술원 교수인 미코시바 요시유키 선생의 존재가 있다. 소말리아라는 분쟁 지역에 진지하게 맞서자는 결심을 하고 나서 죽음의 공포에 시달린 적이 있다. 그 죽음의 공포를 극복하기 위해 철학서를 읽기 시작했을 때 〈감성과 죽음의 문제의 연구〉라는 미코시바 요시유키 선생의 세미나에 참가했다. 세미나에 참가한 학생 대부분은 철학과 3, 4학년으로, 나는 모르는 게 많은 교육학부 2학년생이었다. '철학이란 자신을 통해서 생각하는 것'이라는 선생님의 가르침 덕분에 나는 가슴을 펼 수 있었다. 또한 내가 잘못된 의견을 말해도(발언만큼은 누구에게도 뒤지지 않았지만) 진지한 경청과 질의로 응대해주셔서 스스로 생각하는 태도를 가질 수 있었다.

좋은 말씀을 주신 우치다 다쓰루 선생님, 이시카와 유미 씨, 미코시바 요시유키 선생님, 로버트 캠벨 선생님, 하루나 후카 씨, 도하타 가이토東畑開人 씨, 오가와 히토시小川仁志 선생님에 대한 감사의 마음에 몸 둘 바를 모르겠다. 몹시 바쁜 와중에도 시간을 내서 대담을 나눠주신 덕분에 배운 바가 많았다. 이후 편집을 맡아주신 시모모토 씨와 함께 무엇을 사고해야 하는지에 대한 이야기도 나눴다. 꼭 어딘가에서 다시 공감에 대하여 토론하기를 바란다.

전략적 대화를 가르쳐주신 그라시엘라 타피아Graciela Tapia 선생님에게도 감사의 마음을 금할 수 없다. 조정이나 중재의 전문가인 선생님과 연일 밤이면 밤마다 이야기를 나눴기에 많은 것을 배울 수 있었다.

마지막으로 꽤 고집이 세고 삐딱한 나와 끈기 있게 만나준 모든 사람들에게 감사하며 이 글을 마무리하고 싶다.

앞으로도 분쟁지역에서의 실무활동과 더불어 자아 성찰 또한 꾸준히 이어가고 싶다.

2021년 6월 어느 날 나가이 요스케永井陽石

옮긴이 박재현

일본 도서 저작권 에이전트로 일했으며 현재는 출판 기획자 및 전문 번역가로 활동 중
이다. 옮긴 책으로는 《니체의 말》, 《아들러 심리학을 읽는 밤》, 《배움은 어리석을수록
좋다》, 《사람들 앞에 서는 게 두려워요》, 《당신이 오래오래 곁에 있었으면 좋겠어요》,
《너를 믿어, 너라면 괜찮아》 등이 있다.

공감병
공감 중독 시대를 살아가는 방법

초판 1쇄 발행　2022년 3월 31일

지은이	나가이 요스케
옮긴이	박재현
펴낸이	서재필
책임편집	양수빈
책임마케터	박소민

펴낸곳	마인드빌딩
출판등록	2018년 1월 11일 제395-2018-000009호
전화	02)3153-1330
이메일	mindbuilders@naver.com

ISBN 979-11-90015-78-3 (03300)

마인드빌딩에서는 여러분의 투고 원고를 기다리고 있습니다. 출판하고 싶은 원고가
있는분은 mindbuilding@naver.com으로 기획 의도와 간단한 개요를 연락처와 함께
보내주시기 바랍니다.